أحكام الطهارة ومسائلها

اعداد
ابو اسعد قطب محمد اثری

المراجعة
ذاكر حسين وراثت الله

URDU
اردو

ⓒ المكتب التعاوني للدعوة والإرشاد و توعية الجاليات بالربوة، ١٤٤١هـ

فهرسة مكتبة الملك فهد الوطنية أثناء النشر

الأثرى، قطب محمد

أحكام الطهارة ومسائلها: اللغة الأردية . / قطب محمد الأثرى. - الرياض، ١٤٤١هـ

٨٤ ص، ١٤ سم x ٢١ سم

ردمك : ٨-٢٧-٨٢٩٧-٦٠٣-٩٧٨

١- الطهارة (فقه اسلامي) أ. العنوان

ديوي ٢٥٢،١ ١٤٤١/٥٥٥٦

رقم الايداع: ١٤٤١/٥٥٥٦

ردمك : ٨-٢٧-٨٢٩٧-٦٠٣-٩٧٨

مركز أصول

أعد هذا الكتاب وصمّم من قبل مركز أصول، وجميع الصور المستخدمة في التصميم يملك المركز حقوقها، وإن مركز أصول يتيح لكل مسلم طباعة الكتاب ونشره بأي وسيلة، بشرط الالتزام بالإشارة إلى المصدر، وعدم التغيير في النص، وفي حالة الطباعة يوصي المركز بالالتزام بمعاييره في جودة الطباعة.

+966 11 445 4900

+966 11 497 0126

P.O.BOX 29465 Riyadh 11457

osoul@rabwah.sa

www.osoulcenter.com

بسم الله الرحمن الرحيم

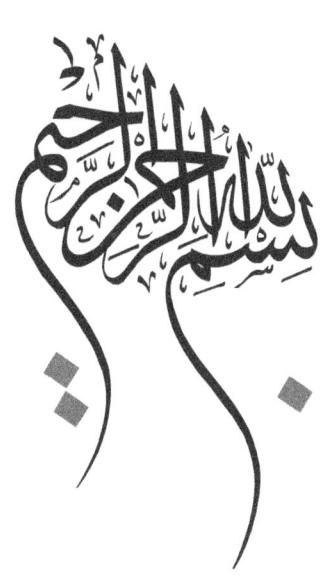

فقہ اسلامی کے شرعی اصول وضوابط

☆یقین شک کی بنیاد پر زائل نہیں ہوگا۔ ☆ ہر چیز میں طہارت اصل ہے سوائے ان چیزوں کے جن کے نجس ہونے پر شرعی دلیل موجود ہے۔ ☆اصل برأت الذمہ ہے، الایہ کہ شرعی دلیل اس کے خلاف موجود ہو۔ ☆اصل اباحت ہے الا یہ کہ حرمت یا نجاست پر کوئی شرعی دلیل موجود ہو۔ ☆مشقت آسانی پیدا کرتی ہے۔ ☆ضرورتیں ممنوعہ چیزوں کو جائز کرتی ہیں۔ ☆ قدرے ضرورت ضرورت کا اعتبار کیا جاتا ہے۔ ☆اگر آدمی کسی کام کی طاقت نہیں رکھتا تو اس پر وہ کام واجب نہیں۔ ☆ اشد ضرورت کے وقت حرام چیز استعمال کرنا بھی جائز ہے۔ ☆مفاسد کو دفع کرنا مصالح کے لانے پر مقدم ہے۔ ☆ اور جب دو مصالح جمع ہو جائیں تو ان میں جو اعلی ہو اسے لیا جائے۔ ☆ جب دو مفاسد جمع ہوجائیں تو جس میں کم نقصان ہو اسے اختیار کیا جائے گا۔ ☆ نفی اور اثبات میں علت حکم کا اعتبار ہوتا ہے۔ ☆واجبات صرف مکلف (بالغ)لوگوں پر لازم ہیں۔ ☆ اتلافات مکلف اور غیر مکلف سب پر واجب ہیں۔ ☆عبادات میں اصل ممانعت ہے سوائے ان عبادات کے جن پر شرعی دلیل موجود ہے۔ ☆ اور معاملات میں

اصل اباحت ہے، الا یہ کہ اس کی حرمت پر شرعی دلیل موجود ہو۔ ☆ اور عادات و معاملات میں اصل اباحت ہے سوائے ان عادات و معاملات کے جن کی حرمت پر شرعی دلیل موجود ہو۔ ☆ شرعی اوامر میں اصل وجوب ہے، الا یہ کہ مستحب یا اباحت پر شرعی دلیل موجود ہو۔ ☆ نواہی میں اصل تحریم ہے الا یہ کہ مکروہ ہونے پر کوئی شرعی دلیل موجود ہو۔ ☆ منافع میں اصل حلت ہے۔ ☆ اور نقصان دہ چیزوں میں اصل حرمت ہے۔

شرعی اوامر کی بجا آوری کا حکم

اللہ کے اوامر آسان اور سہل ہیں، آدمی اپنی طاقت بھر انہیں انجام دے اور ان چیزوں سے مکمل اجتناب کرے جن سے اللہ نے منع کیا ہے۔ اللہ تعالی فرماتا ہے:

﴿فَاتَّقُوا اللَّهَ مَا اسْتَطَعْتُمْ وَاسْمَعُوا وَأَطِيعُوا وَأَنفِقُوا خَيْرًا لِّأَنفُسِكُمْ﴾ [التغابن: ١٦]

"جہاں تک تم سے ہوسکے اللہ سے ڈرتے رہو اور سنتے اور مانتے چلے جاؤ اور اللہ کی راہ میں خیرات کرتے رہو جو تمہارے لئے بہتر ہے"۔

ابو ہریرہ رضی اللہ عنہ سے روایت ہے کہ رسول اللہ صلی اللہ علیہ وسلم نے فرمایا:

«دَعُونِي مَا تَرَكْتُكُمْ إِنَّمَا هَلَكَ مَنْ كَانَ قَبْلَكُمْ بِسُؤَالِهِمْ وَاخْتِلافِهِمْ عَلَى أَنْبِيَائِهِمْ، فَإِذَا نَهَيْتُكُمْ عَنْ شَيْءٍ، فَاجْتَنِبُوهُ، وَإِذَا أَمَرْتُكُمْ بِأَمْرٍ، فَأْتُوا مِنْهُ مَا اسْتَطَعْتُمْ» "جب تک میں تمہیں چھوڑے رہوں تم مجھے چھوڑے رہو، (یعنی کسی بات کی زیادہ کرید نہ کرو) اس لئے کہ تم سے پہلے جو لوگ گزر چکے ہیں اپنے (کثرت) سوال اور انبیاء پر اختلاف کرنے کی وجہ سے ہلاک ہوئے، پس اگر میں تم کو کسی چیز سے منع کردوں

تو تم اس سے رک جاؤ اور اگر کسی چیز کا حکم دوں تو اپنی طاقت بھر اسے کرو"۔(صحیح البخاری:۷۲۸۸، صحیح مسلم:۱۳۳۷)

عمل کی تباہ کاری

نماز و روزہ اور صدقات و خیرات جیسی نیکیاں کرنے کے وقت تین آفتیں در پیش ہوتی ہیں:

☆عمل کا دکھاوا ☆عمل پر عوض کا مطالبہ☆اپنے عمل سے رضامندی اور اس پر اعتماد۔

۱- عمل کے دکھاوے (ریاکاری) سے چھٹکارا:

جو شخص اپنے عمل کی ریا سے خود کو بچالے، تو اسے یہ سمجھنا چاہئے کہ یہ اس پر اللہ کا احسان اور اس کے عطا کردہ توفیق میں سے ہے اور یہ اللہ کی جانب سے اور اس کی مدد سے وجود پذیر ہو اور نہ بندے میں اس کی مجال کہاں۔

۲- عمل کے عوض کے مطالبے سے چھٹکارا:

جو شخص اپنے عمل کو عوض کے طلب سے بچا لیتا ہے، تو معلوم ہو کہ وہ تو اپنے آقا کا محض ایک غلام بندہ ہے جو اس کی خدمت گزاری پر کسی اجرت کا حقدار نہیں، ہاں اس کا آقا اگر اسے کچھ تھوڑا موڑا اپنی جانب سے نواز دے تو وہ آقا کی جانب سے احسان و نوازش ہے نہ کہ اس عمل کا بدلہ و عوض۔

۳- اپنے عمل پر شاداں ہونا اور اس پر اعتماد کرنا:

جو شخص اپنے عمل کو خود پسندی اور اس پر اعتماد سے اپنے آپ کو آزاد کرالے کیونکہ اس کی نگاہوں میں اس کے عیوب، عمل کی ادائیگی میں کوتاہیاں اور نفس و شیطان سے اس کی حفاظت اور حقوق الٰہی کی عظمتیں گردش کرتی ہیں۔اور یہ بھی پتہ ہے کہ بندہ عمل کے اکمل انداز میں بجاآوری میں وہ کس قدر ناتواں و عاجز ہے ۔ہم اللہ سے اخلاص ومدد اور استقامت کے طلبگار ہیں ۔

عمل کی حفاظت

عمل صالح کو بروئے کار لانا ہی کمال نہیں، بلکہ اس کی شان تو یہ ہے کہ اسے تباہ و برباد کرنے والی چیز وں سے بچالیا جائے، جیسے ریاکہ اگر وہ داخل ہو جائے تو عمل کو برباد کردے ،اس کے چند ایک دروازے ہیں جنہیں شمار کرنا مشکل ہے، ایسے ہی جو عمل اتباع سنت سے مربوط و مقید نہ کیا جائے وہ بھی بربادی کا شکار ہو جاتا ہے اور ایسے ہی جس عمل پر دل سے اللہ پر احسان جتلایا جائے وہ اسے برباد کردیتا ہے ،بندوں کو اذیت پہونچا کر عمل کرنے سے اس میں نقص و کمی پیدا ہو جاتی ہے،ایسے ہی اللہ کے حکم کی جان بوجھ کر مخالفت کرنے اور اسے حقیر سمجھنے کی صورت میں عمل تباہی سے دو چار ہو جاتا ہے اس جیسی اور بھی بہت سی مثالیں ہیں۔

طہارت کے احکام و مسائل

طہارت کی لغوی تعریف: طہارت کا معنی ظاہری اور باطنی گندگی سے پاکی و صفائی حاصل کرنا۔

طہارت کی شرعی تعریف: ناپاکی ختم کرنا اور نجاست کو زائل کرنا۔

❈ طہارت کی قسمیں

طہارت کی دو قسمیں ہیں:

۱- ظاہری طہارت:

پانی سے وضو یا غسل کرنا اس کے علاوہ کپڑا، جسم اور جگہ کا نجاست سے پاک ہونا۔

۲- باطنی طہارت:

دل کا بری صفات سے پاک و صاف ہونا مثلا شرک، کفر، غرور تکبر، خود پسندی، کینہ، حسد، نفاق اور ریاء وغیرہ اور اس میں اچھی صفات سے لبریز ہونا مثلا توحید، ایمان، سچائی، اخلاص یقین، توکل علی اللہ، سخاوت اور احسان وغیرہ اور مزید اس کی تکمیل کثرت توبہ و استغفار اور ذکر الٰہی سے ہوتی ہے۔

رب کی عبادت کے وقت بندے کی صورت:

اگر انسان کا ظاہر پانی سے پاک ہو جائے اور اس کا باطن توحید وایمان سے پاک ہو جائے تو اس کی روح پاکیزہ ہو جاتی ہے، اس کا نفس عمدہ ہو جاتا ہے، اس کے دل میں چستی وپھرتی پیدا ہو جاتی ہے اور وہ بہت اچھی حالت میں اپنے رب سے مناجات کرنے کے لئے کچھ یوں تیار ہو جاتا ہے کہ اس کا جسم پاک، اس کا دل پاک، اس کا لباس پاک اور وہ جگہ پاک اور یہ اللہ رب العالمین کے سامنے عبادت کرنے کے لئے پر اثر عمدہ صفات و منتہائے آداب ہیں، اسی وجہ سے صفائی کو نصف ایمان قرار دیا گیا۔ صفائی سے آدمی اللہ اور اس کے بندوں کے نزدیک محبوب بن جاتا ہے۔

اللہ تعالی فرماتا ہے:

﴿إِنَّ ٱللَّهَ يُحِبُّ ٱلتَّوَّٰبِينَ وَيُحِبُّ ٱلْمُتَطَهِّرِينَ﴾ [البقرة: ۲۲۲]

"اللہ تعالی توبہ کرنے والوں اور پاک رہنے والوں کو پسند فرماتا ہے"۔

ابو مالک اشعری رضی اللہ عنہ سے روایت ہے کہ رسول اللہ صلی اللہ علیہ وسلم نے فرمایا: «الطُّهُورُ شَطْرُ الإِيمَانِ، وَالْحَمْدُ لِلَّهِ تَمْلأُ الْمِيزَانَ»

"صفائی نصف ایمان ہے اور الحمد اللہ میزان کو بھر دیتا ہے"۔ (صحیح مسلم: ۲۲۳)

جسم اور روح کی سلامتی:

بدن اور روح سے اللہ نے انسان کی تخلیق فرمائی ہے۔ بدن کے اندر دو

طرف سے گندگی داخل ہوتی ہے، ایک اندر سے جیسے پسینہ، دوسرے باہر سے جیسے گرد وغبار،اس سے چھٹکارہ پانے کے لئے باربار دھوناضروری ہے ۔اسی طرح روح بھی دو طرف سے متأثر ہوتی ہے ایک ان امراض سے جو دلوں کے اندر پیدا ہوتے ہیں مثلا حسد، تکبر، دوسرے ان خارجی گناہوں کی پاداش میں جنہیں آدمی خود کرتا ہے مثلا ظلم،زنا،ایسی صورت میں روح کی عافیت وسلامتی کے لئے کثرت سے توبہ و استغفار کی ضرورت ہے۔

جن چیزوں سے طہارت حاصل ہوتی ہے

طہارت محاسن اسلام میں سے ہے طہارت مشروع طریقے سے پاک پانی کے استعمال کرنے یا پاک مٹی سے تیمم کرنے کا نام ہے تاکہ حدث اور نجاست دور کی جاسکے۔

طہارت دو چیزوں سے حاصل ہوتی ہے:

۱- پانی

اوراس کی دو قسمیں ہیں :

☆پاک پانی:

پاک پانی وہ ہے جو اپنی اصلی حالت پر برقرار رہے جیسے بارش کا پانی ،سمندر کا پانی،ندی کا پانی ،پگھلنے والی برف یا جو پانی زمین سے خود نکلے یا کسی آلہ سے نکالا جائے چاہے وہ میٹھا ہو یا نمکین،گرم ہو یا

ٹھنڈا بھی وہ پاک پانی ہے جس سے طہارت حاصل کرنا جائز ہے۔ جیسا کہ اللہ تعالیٰ نے فرمایا:

﴿وَأَنزَلْنَا مِنَ ٱلسَّمَآءِ مَآءً طَهُورًا﴾ [الفرقان: ٤٨]

"اور ہم نے آسمان سے پاک کرنے والا پانی اتارا ہے"۔

☆ نجس پانی:

نجس پانی وہ ہے جس کا رنگ یا مزہ یا بو نجاست کی وجہ سے تبدیل ہو جائے، چاہے وہ کم ہو یا زیادہ، اس پانی سے طہارت حاصل کرنا جائز نہیں۔

☆ نجس پانی اس وقت پاک ہو جاتا ہے جب کہ اس کی تبدیلی خود بخود زائل ہو جائے یا وہ پانی نکال لیا جائے یا اس میں دوسرا پانی ملا دیا جائے جس سے اس کی تبدیلی زائل ہو جائے۔

☆ اگر پانی کی نجاست یا طہارت کے بارے میں مسلمان کو شک ہو تو وہ اصل پر بنا کرے کیونکہ اس کی اصل طہارت ہے جس پر شک سے کوئی فرق نہیں پڑے گا۔

☆ اگر پاک پانی نجاست کے ساتھ مشتبہ ہو جائے اور اس کے علاوہ دوسرا پانی نہ ملے تو اگر غالب گمان یہ ہو کہ وہ پاک ہے تو اس سے وضو کر لے۔

☆ اگر پاک کپڑے میں نجاست یا حرام چیز لگنے کا شبہ ہو اور اس

کے علاوہ کوئی دوسرا کپڑا نہ ہو تو اجتہاد کر کے نماز پڑھ لے، اگر اس بات کا غالب گمان ہو کہ وہ پاک ہے اور اس کی نماز ان شاء اللہ صحیح ہو جائے گی۔

۲- پاک مٹی:

جس میں ریت، مٹی، پتھر، غبار سب داخل ہیں البتہ یہ اس وقت وضو یا غسل کے قائم مقام ہو گی جب پانی میسر نہ ہو یا اس کے استعمال سے بیماری یا کوئی اور چیز مانع ہو جیسا کہ اللہ تعالی نے فرمایا:

﴿فَلَمْ تَجِدُوا۟ مَآءً فَتَيَمَّمُوا۟ صَعِيدًا طَيِّبًا﴾ [النساء: ٤٣]

"پانی نہ پاؤ تو پاک مٹی سے تیمم کر لو"۔

☆حدث اصغر یا حدث اکبر سے طہارت پانی سے حاصل ہوتی ہے اور اگر پانی نہ ملے تو تیمم کیا جائے، اسی طرح اگر اس بات کا اندیشہ ہو کہ پانی استعمال کرنے سے نقصان پہنچے گا تو تیمم کیا جائے۔

☆بدن یا کپڑے یا جگہ پر لگی ہوئی نجاست کی طہارت پانی یا دوسرے سوائل (بہنے والی چیز) یا پاک جامد چیزوں سے ہو گی جو عین اس گندگی کو دور کر دے، مثلاً، بھاپ، کیمیکل وغیرہ۔

سونے چاندی کے برتنوں اور کفار کے لباس کے استعمال کا حکم:

سونے اور چاندی کے برتنوں میں کھانا، پینا، مرد اور عورت دونوں کے لئے حرام ہے اور اس کے ہر قسم کے استعمال پر پابندی ہے، البتہ عورتیں اس کا زیور بنا سکتی ہیں اور مرد چاندی کی انگوٹھی پہن سکتے

ہیں، اسی طرح ضرورت کے وقت سونے یا چاندی کے دانت یا ناک لگوائے جا سکتے ہیں۔ جیسا کہ حذیفہ بن یمان رضی اللہ عنہ سے روایت ہے کہ رسول اللہ صلی اللہ علیہ وسلم نے فرمایا:

«لا تَلْبَسُوا الْحَرِيرَ وَلا الدِّيبَاجَ، وَلاتَشْرَبُوا فِي آنِيَةِ الذَّهَبِ وَالْفِضَّةِ، وَلا تَأْكُلُوا فِي صِحَافِهَا، فَإِنَّهَا لَهُمْ فِي الدُّنْيَا وَلَنَا فِي الآخِرَةِ» ”تم خالص ریشم اور دیباج نہ پہنو، اور نہ سونے اور چاندی کے برتن میں پیو اور نہ سونے اور چاندی کی رکابیوں میں کھانا کھاؤ کیونکہ وہ دنیا میں کافروں کے لئے ہے، اور ہمارے لئے آخرت میں ہے“۔ (صحیح البخاری:۵۴۲۶، صحیح مسلم: ۲۰۶۷)

اور ایک دوسری حدیث میں ام المومنین ام سلمہ رضی اللہ عنہا بیان فرماتی ہیں کہ رسول اللہ صلی اللہ علیہ وسلم نے فرمایا:

«الَّذِي يَشْرَبُ فِي إِنَاءِ الْفِضَّةِ، إِنَّمَا يُجَرْجِرُ فِي بَطْنِهِ نَارَ جَهَنَّمَ» ”جو شخص چاندی کے برتن میں پیتا ہے، وہ اپنے پیٹ میں گویا دوزخ کی آگ گٹ گٹ اتارتا ہے“۔ (صحیح البخاری: ۵۶۳۴، صحیح مسلم: ۲۰۶۵)

وضو وغیرہ کرنے کے لئے ہر پاک برتن استعمال کرنا جائز ہے اگر وہ غصب کیا ہوا یا سونے چاندی کا نہ ہو اور اگر وہ غصب کیا ہوا ہے یا سونے چاندی کا برتن ہے تو اس کا بنانا اور استعمال کرنا حرام ہے لیکن اگر کسی نے سونے یا چاندی کے برتن میں وضو کر لیا تو اس کو گناہ ملے گا لیکن اس کا وضو صحیح ہو جائے گا۔

کفار کے برتنوں اور کپڑے کا حال اگر معلوم نہ ہو تو اس کو استعمال کرنا جائز ہے کیونکہ اصلاوہ پاک ہے لیکن اگر نجاست کی موجود گی کا پتہ چل جائے تو پانی سے اس کا دھونا واجب ہے۔

نجاست اور اس کے اقسام و احکام:

مسلمانوں پر جن نجاستوں کو دور کرنا اور ایک یا کئی بار دھو کر اس کے اثر کو زائل کرنا ضروری ہے وہ یہ ہیں:

آدمی کا پیشاب اور پاخانہ، بہنے والا خون، حیض اور نفاس کا خون، ودی، مذی، مردار (سوائے مچھلی اور ٹڈی کے) سور کا گوشت، ان جانوروں کا پیشاب اور گوبر جن کا گوشت کھانا حرام ہے جیسے خچر گدھا وغیرہ اورکتے کا لعاب اس کو سات مرتبہ دھویا جائے پہلی بار مٹی سے۔ جیسا کہ ابو ہریرہ رضی اللہ عنہ سے روایت ہے کہ رسول اللہ ﷺ نے فرمایا: «طَهُورُ إِنَاءِ أَحَدِكُمْ إِذَا وَلَغَ فِيهِ الْكَلْبُ أَنْ يَغْسِلَهُ سَبْعَ مَرَّاتٍ، أُولَاهُنَّ بِالتُّرَابِ» "تم میں سے کسی کے برتن کی پاکی جب کہ کتا منہ ڈال کر اس میں سے پیئے یہ ہے کہ اسے سات بار دھوئے جس میں پہلی بار مٹی سے دھوئے"۔ (صحیح البخاری: ۱۷۲، صحیح مسلم: ۲۷۹)

☆ اگر جوتے یا موزے میں نجاست لگ جائے تو اس کو پاک کرنے کا طریقہ یہ ہے کہ اسے زمین پر اس طرح رگڑ دیا جائے کہ نجاست کا اثر زائل ہو جائے۔

قضائے حاجت کے آداب

استنجاء کا معنی: پیشاب اور پاخانے کے راستے سے نکلنے والی ہر چیز کو پانی سے زائل کرنے کو استنجا کہتے ہیں۔

استجمار کا معنی: ڈھیلہ یا پتھر یا کاغذ وغیرہ سے پاخانہ اور پیشاب کے راستوں سے نکلنے والی چیزوں کو زائل کرنے کو استجمار کہتے ہیں۔

بیت الخلاء میں داخل ہونے اور نکلتے وقت کتنی باتوں کو ملحوظ رکھے:

(الف) بیت الخلاء جاتے وقت پہلے بایاں پاؤں اندر کرنا اور بسم اللہ کہنا اور یہ دعا پڑھنا: «اللَّهُمَّ إِنِّي أَعُوذُ بِكَ مِنَ الْخُبُثِ وَالْخَبَائِثِ» "اے اللہ میں نر اور مادہ جنوں سے تیری پناہ طلب کرتا ہوں" سنت ہے (صحیح البخاری: ۱۴۲)۔

(ب) بیت الخلاء سے نکلنے کے وقت اپنا دایاں پاؤں پہلے باہر نکالنا اور "غفرانک" کہنا سنت ہے۔ (سنن ابی داود: ۳۰، سنن الترمذی: ۷، صحیح)

☆ مسجد میں داخل ہونے کے وقت اور کپڑا اور جوتا پہننے کے وقت داہنا پاؤں یا ہاتھ پہلے داخل کرنا سنت ہے، اور مسجد سے نکلنے کے وقت اور کپڑا اور جوتا نکالنے کے وقت بایاں پاؤں یا ہاتھ پہلے نکالنا سنت ہے۔

☆جو شخص میدان یا صحراء میں قضائے حاجت کے لئے جائے اس کے لئے سنت یہ ہے کہ اتنی دور نکل جائے کہ لوگوں کی نظروں سے اوجھل ہوجائے اورآڑ کر کے بیٹھے اور ایسی نرم زمین میں بیٹھے کہ پیشاب کے چھینٹوں سے ناپاک نہ ہو۔

☆حمام میں مصحف (قرآن کریم) لے جانا جائز نہیں اور نہ حمام میں بات چیت درست ہے، الا یہ کہ کسی ضرورت سے کلام کیا جائے مثلاً کسی بھٹکے ہوئے کی رہنمائی کر رہا ہو یا پانی مانگ رہا ہو۔

☆حمام میں کوئی ایسی چیز لے جانا جس میں اللہ کا نام ہوجائز ہے مگر نہ لے جانا افضل ہے، حمام میں اور سوراخ میں پیشاب کرنا مکروہ ہے اور اسی طرح داہنے ہاتھ سے شرم گاہ چھونااور استنجا واستجمار کرنابھی مکروہ ہے، قضائے حاجت کے وقت زمین سے قریب ہونے سے پہلے کپڑااٹھانابھی مکروہ ہے، پیشاب و پا خانہ کرتے وقت سلام کا جواب دینا مکروہ ہے، ایسا شخص حاجت سے فارغ ہونے کے بعد وضو کرے، پھر سلام کا جواب دے۔

قضائے حاجت کے وقت قبلہ رخ ہونے کا حکم

☆ قضائے حاجت کے وقت قبلہ کی طرف چہرہ یا پیٹھ کر کے بیٹھناحرام ہے چاہے کھلے میدان میں ہو یا عمارت میں جیسا کہ ابو ایوب انصاری رضی اللہ عنہ سے روایت ہے کہ رسول اللہ صلی اللہ علیہ وسلم نے فرمایا:

«إِذَا أَتَيْتُمُ الْغَائِطَ، فَلَا تَسْتَقْبِلُوا الْقِبْلَةَ، وَلَا تَسْتَدْبِرُوهَا بِبَوْلٍ، وَلَا غَائِطٍ، وَلَكِنْ شَرِّقُوا أَوْ غَرِّبُوا».

قَالَ أَبُو أَيُّوبَ: فَقَدِمْنَا الشَّامَ، فَوَجَدْنَا مَرَاحِيضَ قَدْ بُنِيَتْ قِبَلَ الْقِبْلَةِ، فَنَنْحَرِفُ عَنْهَا، وَنَسْتَغْفِرُ اللَّهَ. "جب تم قضاء حاجت کے لیے جاؤ، تو نہ قبلہ کی طرف منہ کرو اور نہ پیٹھ۔ پیشاب کرنا ہو تب بھی اور پاخانہ کرنا ہو تب بھی۔ بلکہ پورب کی طرف کرلو یا پچھم کی طرف"۔ ابو ایوب کہتے ہیں ہم شام آئے تو ہم نے وہاں قبلہ رخ بنی ہوئی کھڈیاں دیکھیں تو (جتنا ممکن ہوتا) ہم ٹیڑھے ہو کر بیٹھتے اور ہم اللہ سے استغفار کرتے۔ (صحیح البخاری: ۳۹۴، صحیح مسلم: ۲۶۴)

☆مسجد میں، راستے میں، نفع بخش سائے میں، پھل دار درخت کے نیچے گزر گاہوں پر اور اسی طرح عام راستوں پر جہاں لوگ آتے جاتے ہوں پیشاب پاخانہ کرنا منع ہے۔

☆استجمار صرف تین پاک کرنے والے پتھروں سے ہونا چاہئے اور اگر تین پتھروں سے صاف نہ ہو تو تین سے زیادہ پتھر استعمال کرنے میں کوئی مضائقہ نہیں اور طاق استعمال کرنا سنت ہے مثلا تین پتھر یا پانچ پتھر وغیرہ۔

☆ہڈی، لید، کھانا یا کسی محترم چیز سے استنجاء کرنا حرام ہے۔

☆پاخانہ، پیشاب کو پتھروں، ٹیشو پیپر اور ورق سے زائل کیا جائے، لیکن پانی استعمال کرنا افضل ہے، اس لئے کہ اس سے اچھی طرح صاف ہوتا ہے۔

☆ کپڑے میں جس جگہ نجاست لگ جائے اس کو پانی سے دھونا ضروری ہے اور اگر نجاست کی جگہ کا پتہ نہ چل سکے تو پورا کپڑا دھویا جائے۔

☆ بچے کے پیشاب پر چھینٹا مارا جائے، اور بچی کے پیشاب کو دھویا جائے، یہ اس وقت تک ہے جب تک کہ وہ کھانا نہ کھائیں اور جب کھانے لگیں تو دونوں کا پیشاب دھونا واجب ہے۔

☆ آدمی پر واجب ہے کہ تمام نجاستوں سے اپنے آپ کو پاک و صاف رکھے جیسے پیشاب یا پاخانہ وغیرہ۔ کیونکہ عبداللہ بن عباس رضی اللہ عنہما کہتے ہیں کہ رسول اللہ صلی اللہ علیہ وسلم دو قبروں کے پاس سے گزرے جن میں عذاب دیا جا رہا تھا آپ نے فرمایا:

«أَمَا إِنَّهُمَا لَيُعَذَّبَانِ، وَمَا يُعَذَّبَانِ فِي كَبِيرٍ، أَمَّا أَحَدُهُمَا، فَكَانَ يَمْشِي بِالنَّمِيمَةِ، وَأَمَّا الآخَرُ، فَكَانَ لايَسْتَتِرُ مِنْ بَوْلِه»، قَالَ: فَدَعَا بِعَسِيبٍ رَطْبٍ، فَشَقَّهُ بِاثْنَيْنِ، ثُمَّ غَرَسَ عَلَى هَذَا وَاحِدًا، وَعَلَى هَذَا وَاحِدًا، ثُمَّ قَالَ: «لَعَلَّهُ أَنْ يُخَفَّفَ عَنْهُمَا مَا لَمْ يَيْبَسَا» "دو قبروں کے پاس سے گذرے، تو آپ نے فرمایا: یہ دونوں قبر والے عذاب دیئے جا رہے ہیں اور انھیں کسی بڑے گناہ کے سبب عذاب نہیں دیا جا رہا ہے، ایک تو اس وجہ سے عذاب سے دوچار ہے کہ وہ چغلخوری کرتا تھا (ایک کی بات دوسرے سے لگا کر لڑائی جھگڑا کراتا تھا) اور دوسرا اس وجہ سے کہ وہ خود اپنے پیشاب سے بھی نہیں بچتا تھا (جس کی وجہ سے نجس رہتا تھا) راوی کہتے ہیں: پھر آپ نے ہری ٹہنی منگوائی اسے چیر کر دو حصے کر لیے اور ایک

اس قبر پر ایک اس قبر پر گاڑ دیئے ، پھر فرمایا: توقع ہے کہ جب تک یہ نہ سوکھیں ان کا عذاب ہلکا ہو جائے"(صحیح البخاری :۱۳۶۱، صحیح مسلم :۲۹۲)

فطری سنتیں

اللہ تعالی نے انسانی تخلیق میں انسان کے لئے کچھ خصوصی اور فطری سنتیں بنائی ہیں جس کو بروئے کار لا کر وہ انسانیت کے بلند درجے پر فائز ہوتا ہے اور صفائی و ستھرائی کے اعلی معیار پر قائم ہوتا ہے جس کے بدولت وہ اللہ کے اور بندوں کی نظروں میں محبوب ہو جاتا ہے اور وہ چند ایک ہیں جن کی تفصیل درج ذیل سطور میں کچھ یوں ہے۔

۱- مسواک کرنا:

☆مسواک کی لغوی تعریف :دانت کا ملنا یا دانت ملنے کا آلہ۔

☆مسواک کی اصطلاحی تعریف:مسواک اس لکڑی (پیلو، زیتون یا نیم کی ٹہنی) یا اس جیسی چیز (جیسے برش وغیرہ) کو کہتے ہیں جسے دانت یا مسوڑھے کی زردی اور بدبو میل کچیل مٹانے کی خاطر استعمال کیا جاتا ہے۔یہ منہ کی صفائی اور رب کی رضا کا اچھا نسخہ ہے۔

مسواک کرنے کا طریقہ:

آدمی اپنے دائیں یا بائیں ہاتھ سے مسواک پکڑے، اور اسے اپنے مسوڑھوں اور دانتوں پر پھرائے، اور منہ میں دائیں جانب سے بائیں جانب لے جائے، اور کبھی کبھی زبان کے کنارے بھی مسواک رگڑے۔

مسواک کرنے کے مستحب اوقات:

مسواک کرنا ہر وقت مسنون ہے اور بالخصوص ہر وضو کے وقت اور ہر نماز کے وقت، اور قرآن کی تلاوت کرتے وقت، اور گھر میں داخل ہونے کے وقت، اور جب رات میں سو کر اٹھے یا جب اپنے منہ کی بدبو محسوس کرے تب جیسا کہ ابو ہریرہ رضی اللہ عنہ سے روایت ہے کہ رسول اللہ صلی اللہ علیہ وسلم نے فرمایا: «لَوْلا أَنْ أَشُقَّ عَلَى الْمُؤْمِنِينَ» - وَفِي حَدِيثِ زُهَيْرٍ - «عَلَى أُمَّتِي لأَمَرْتُهُمْ بِالسِّوَاكِ عِنْدَ كُلِّ صَلاةٍ» ”اگر مجھے یہ ڈر نہ ہوتا کہ میں مسلمانوں کو مشقت و پریشانی میں ڈال دوں گا تو میں ان کو حکم دیتا کہ وہ ہر صلاۃ کے وقت مسواک کیا کریں“ (زہیر کی حدیث میں ”عَلَى الْمُؤْمِنِينَ“ کے بجائے ”علی امتی“ کے الفاظ ہیں) (صحیح البخاری،۸۸۷، مسلم:۲۵۲)

مسواک کرنے کی فضیلت:

☆ام المومنین عائشہ رضی اللہ عنہا بیان فرماتی ہیں کہ رسول اللہ صلی اللہ علیہ وسلم نے فرمایا:

«السواك مطهرة للفم، مرضاة للرب» ”مسواک کرنا منہ کی صفائی اور رب کی خوشنودی کا ذریعہ ہے“ (صحیح الترغیب:۲۰۹)

مسواک کے متعلق رسول اکرم صلی اللہ علیہ وسلم کا معمول:

☆حذیفہ رضی اللہ عنہ فرماتے ہیں کہ نبی کریم صلی اللہ علیہ وسلم جب رات کو اٹھتے تو مسواک کرتے۔ (صحیح البخاری:۲۴۵، صحیح مسلم:۲۵۵)

☆شریح رحمہ اللہ بیان فرماتے ہیں کہ میں نے ام المؤمنین عائشہ رضی اللہ عنہا سے پوچھا کہ رسول مکرم صلی اللہ علیہ وسلم جب گھر میں داخل ہوتے تو سب سے پہلے کیا کام کرتے ،تو ام المومنین عائشہ رضی اللہ عنہا نے فرمایا کہ آپ صلی اللہ علیہ وسلم مسواک کرتے تھے (صحیح مسلم:۲۵۳)

۲- ختنہ کرانا: ختنہ کی تعریف: عضو تناسل کے سپاری ڈھانپنے والے چمڑے کے کاٹنے کو ختنہ کہتے ہیں۔

ختنہ کا حکم: ختنہ مردوں پر واجب ہے اور عورتوں کے لئے سنت ہے۔

ختنہ کے فوائد:

یہ رسول اللہ صلی اللہ علیہ وسلم کے حکم کی اتباع اور ابراہیم علیہ السلام کے سنت کی پیروی ہے، مسلمان کی پہچان ہے اور عضو تناسل میں جمع ہونے والی میل و کچیل اور پیشاب جیسی چیزوں کے جمع ہونے سے صفائی ہے۔

۳- مونچھ کاٹنا اور داڑھی بڑھانا:

داڑھی بڑھانے، اسے چھوڑے رکھنے،اسے معاف کرنے اور مونچھ کاٹنے کے متعلق متعدد احادیث وارد ہوئی ہیں جیسا کہ عبداللہ بن عمر رضی اللہ عنہما سے مروی ہے فرماتے ہیں کہ رسول اللہ صلی اللہ علیہ وسلم نے فرمایا: «خَالِفُوا الْمُشْرِكِينَ، وَأَحْفُوا الشَّوَارِبَ، وَأَوْفُوا اللِّحَى» ”تم لوگ مشرکوں کی مخالفت کرو، مونچھیں کترو اور داڑھیاں چھوڑو“ (صحیح البخاری:۵۸۹۲و صحیح مسلم:۲۵۹)

داڑھی چھوڑنے اور مونچھ کترنے میں حسن و جمال اور مردانگی

کا مظہر ہے اور اس کے بر عکس عمل پر نبی کریم ﷺ کی ہدایت کی مخالفت اور اللہ اور اس کے رسول کے دشمنوں کی تقلید، مردانگی کے اعلی معیار کا ضیاع اور عورتوں کی شناخت ہے جیسا کہ ایک شاعر نے کہا:

وما عجب أن النساء ترجلت   ولكن تأنيث الرجال عجيب

تعجب خیز یہ نہیں کہ عورتوں نے مردوں کا بھیس اپنایا، لیکن عجوبہ تو یہ ہے کہ مرد عورت بن گئے۔

۴- ناف کے نیچے کا بال چھیلنا، بغل کا بال اکھاڑنا، ناخن کاٹنا اور انگلیوں کے جوڑوں کو دھونا:

ابو ہریرہ رضی اللہ عنہ سے روایت ہے کہ رسول اللہ ﷺ نے فرمایا: «الْفِطْرَةُ خَمْسٌ، أَوْ خَمْسٌ مِنَ الْفِطْرَةِ: الْخِتَانُ، وَالاسْتِحْدَادُ، وَتَقْلِيمُ الأَظْفَارِ، وَنَتْفُ الإِبِطِ، وَقَصُّ الشَّارِبِ» "پیدائشی سنتیں پانچ ہیں، یا پانچ چیزیں پیدائشی سنت میں سے ہیں: ختنہ کرانا، زیر ناف کے بال مونڈنا، بغل کا بال اکھاڑنا، ناخن کاٹنا اور مونچھ کاٹنا"۔ (صحیح البخاری: ۵۸۸۹، صحیح مسلم: ۲۵۷)

ام المومنین عائشہ رضی اللہ عنہا سے روایت ہے کہ رسول اللہ ﷺ نے فرمایا: «عَشْرٌ مِنَ الْفِطْرَةِ: قَصُّ الشَّارِبِ، وَإِعْفَاءُ اللِّحْيَةِ، وَالسِّوَاكُ، وَاسْتِنْشَاقُ الْمَاءِ، وَقَصُّ الأَظْفَارِ، وَغَسْلُ الْبَرَاجِمِ، وَنَتْفُ الإِبِطِ، وَحَلْقُ الْعَانَةِ، وَانْتِقَاصُ الْمَاءِ» "دس باتیں پیدائشی سنت ہیں مونچھیں کاٹنا۔ داڑھی بڑھتے رہنے دینا، مسواک کرنا، ناک میں پانی ڈال کر چھینکنا، ناخن کاٹنا، انگلیوں کا پور پور دھونا، بغل کے

بال اکھیڑنا، ناف کے نیچے کے بال مونڈ دینا، پانی بہانا یعنی: استنجاء کرنا (یا وضو کے بعد شرم گاہ پر پانی کے چھینٹے مارنا)"۔ (صحیح مسلم: ۲۶۱)

۵- سر کا بال درست کرنا:

اس میں تیل لگانا اور کنگھی کرنا البتہ سر کے بالوں کا کچھ حصہ مونڈانا اور کچھ چھوڑ دینا مکروہ ہے اور اگر کفار کی مشابہت اختیار کی جائے تو حرام ہے۔

۶- بال کو مہندی وغیرہ سے رنگنا:

جابر بن عبداللہ رضی اللہ عنہما کہتے ہیں کہ رسول اللہ ﷺ کے پاس فتح مکہ کے دن ابو قحافہ کو لایا گیا ان کے سر اور داڑھی کے بال ثغامہ (سفید پھولوں والا ایک درخت) کی طرح سفید تھے تو رسول اللہ ﷺ نے فرمایا: «غَيِّرُوا هَذَا بِشَيْءٍ، وَاجْتَنِبُوا السَّوَادَ» "اس کو کسی چیز سے بدل دو البتہ کالے خضاب سے بچنا"۔ (صحیح مسلم: ۲۱۰۲)

صفائی و ستھرائی کی مدت

انس رضی اللہ عنہ کہتے ہیں کہ ہمارے لئے مونچھ کا بال کاٹنے، ناخن کاٹنے، بغل کا بال اکھاڑنے، ناف کے نیچے کا بال مونڈنے کے لئے وقت مقرر کیا گیا ہے وہ یہ کہ ہم چالیس دنوں سے زیادہ اسے نہ چھوڑیں۔ (صحیح مسلم: ۲۵۸)

✶ ✶ ✶

وضو کے احکام ومسائل

وضو کی لغوی تعریف: وضو مصدر ہے جو وضاءۃ سے ماخوذ ہے جس کا معنی خوبصورتی و نظافت ہے۔

وضو کی شرعی تعریف: تعبد الہی کی خاطر مخصوص انداز میں مخصوص اعضائے جسم کو پاک پانی سے دھونا۔

❈ وضو کی فضیلت

ابو ہریرہ رضی اللہ عنہ کہتے ہیں: رسول اللہ صلی اللہ علیہ وسلم نے بلال رضی اللہ عنہ سے فجر کے وقت پوچھا: «يَا بِلَالُ! حَدِّثْنِي بِأَرْجَى عَمَلٍ عَمِلْتَهُ فِي الإِسْلَامِ، فَإِنِّي سَمِعْتُ دَفَّ نَعْلَيْكَ بَيْنَ يَدَيَّ فِي الْجَنَّةِ» قَالَ: مَا عَمِلْتُ عَمَلًا أَرْجَى عِنْدِي: أَنِّي لَمْ أَتَطَهَّرْ طَهُورًا فِي سَاعَةِ لَيْلٍ أَوْ نَهَارٍ إِلَّا صَلَّيْتُ بِذَلِكَ الطُّهُورِ، مَا كُتِبَ لِي أَنْ أُصَلِّيَ» "اے بلال! مجھے اپنا سب سے زیادہ امید والا نیک کام بتاؤ جسے تم نے اسلام لانے کے بعد کیا ہے کیوں کہ میں نے جنت میں اپنے آگے تمہارے جوتوں کی چاپ سنی ہے؟"۔ بلال رضی اللہ عنہ نے عرض کیا: میں نے تو اپنے نزدیک اس سے زیادہ امید کا کوئی کام نہیں کیا کہ جب میں نے رات یا دن میں کسی

وقت بھی وضو کیا تو میں اس کے بعد وضو سے نفل صلاۃ پڑھتا رہتا جتنی میری تقدیر میں لکھی گئی تھی"۔ (صحیح البخاری: ۱۱۴۹، مسلم:۲۴۵۸)

ابو ہریرہ رضی اللہ عنہ سے روایت ہے رسول اللہ صلی اللہ علیہ وسلم نے فرمایا:

«إِذَا تَوَضَّأَ الْعَبْدُ الْمُسْلِمُ أَوِ الْمُؤْمِنُ، فَغَسَلَ وَجْهَهُ، خَرَجَ مِنْ وَجْهِهِ كُلُّ خَطِيئَةٍ نَظَرَ إِلَيْهَا بِعَيْنَيْهِ مَعَ الْمَاءِ، أَوْ مَعَ آخِرِ قَطْرِ الْمَاءِ، فَإِذَا غَسَلَ يَدَيْهِ، خَرَجَ مِنْ يَدَيْهِ كُلُّ خَطِيئَةٍ كَانَ بَطَشَتْهَا يَدَاهُ مَعَ الْمَاءِ، أَوْ مَعَ آخِرِ قَطْرِ الْمَاءِ، فَإِذَا غَسَلَ رِجْلَيْهِ خَرَجَتْ كُلُّ خَطِيئَةٍ مَشَتْهَا رِجْلَاهُ مَعَ الْمَاءِ، أَوْ مَعَ آخِرِ قَطْرِ الْمَاءِ، حَتَّى يَخْرُجَ نَقِيًّا مِنَ الذُّنُوبِ» "جب مسلمان بندہ یامومن بندہ (یہ شک ہے راوی کا) وضو کرتا ہے اور منہ دھوتا ہے تواس کے منہ کے وہ سارے گناہ جنھیں اس نے اپنی آنکھوں سے دیکھاتھا پانی کے ساتھ بہہ جاتے ہیں، یا پانی کے آخری قطرے کے ساتھ (یہ بھی راوی کو شک ہے) اور جب ہاتھ دھوتا ہے، تو اس کے ہاتھوں کا ہر (چھوٹا) گناہ جن کا اس کے ہاتھوں نے ارتکاب کیا ہو۔پانی کے ساتھ یا پانی کے آخری قطرے کے ساتھ نکل جاتا ہے۔ پھر جب وہ اپنے پیر دھوتا ہے تو اس کے پیروں کا ہر گناہ جو اس نے چل کر کیے تھے پانی کے ساتھ یاپانی کے آخری قطرے کے ساتھ نکل جاتے ہیں، یہاں تک کہ (جب وہ وضو سے فارغ ہوتا ہے تو وہ) گناہوں سے پاک وصاف ہو کر اٹھتا ہے"۔ (صحیح مسلم:۲۴۴)

نیت کی اہمیت

عمل کی صحت، اس کی قبولیت اور اس پر بدلہ ملنے کے لئے نیت شرط ہے، نیت کی جگہ دل ہے نیت ہر عمل میں ضروری ہے رسول اللہ ﷺ نے فرمایا: «إِنَّمَا الأَعْمَالُ بِالنِّيَّاتِ، وَإِنَّمَا لِكُلِّ امْرِئٍ مَا نَوَى» "بیشک تمام اعمال کا دارو مدار نیت پر ہے اور ہر عمل کا نتیجہ ہر انسان کو اس کی نیت کے مطابق ہی ملے گا"۔ (صحیح البخاری: ۱، صحیح مسلم: ۱۹۰۷)

شریعت میں نیت کا مطلب:

شریعت میں نیت کا مطلب ہے اللہ سے قربت حاصل کرنے کے لئے عبادت کی ادائیگی کا عزم کرنا۔

نیت کی دو قسمیں ہیں:

۱- عمل کی نیت: وضو یا غسل یا نماز وغیرہ کی نیت کرے۔

۲- جس کے لئے عمل کیا جائے اس کی نیت: وضو یا غسل یا نماز وغیرہ کے ذریعے صرف اللہ سے قربت حاصل کرنے کی نیت کرے، اور یہ دوسری قسم پہلی قسم سے زیادہ اہم ہے۔

قبولیت عمل کی شرط:

عمل کے قبول ہونے کی دو شرطیں ہیں:

۱- ایک یہ کہ وہ عمل خالص اللہ کے لئے ہو۔

۲- دوسرے یہ کہ اس کو ایسے ہی کیا جائے جس طرح رسول اللہ ﷺ نے کیا ہے ۔

اخلاص کا معنی:

اخلاص کا مطلب یہ ہے کہ بندے کے اعمال ظاہر و باطن میں یکساں اور صرف اللہ کے لئے ہوں اور اخلاص میں صدق کا مطلب ہے کہ اس کا باطن اس کے ظاہر سے زیادہ آباد ہو، بندہ جب اخلاص کے ساتھ اللہ کی عبادت کرتا ہے تو اللہ تعالی اس کے دل کو زندہ کر دیتا ہے اس کو اپنی طرف کھینچ لیتا ہے، پھر وہ نیک کاموں سے محبت کرنے لگتا ہے اور معاصی سے نفرت کرنے لگتا ہے بر خلاف اس دل کے جس میں اخلاص نہ ہو تو وہ شوق و طلب اور چاہت بلکہ بسا اوقات سرداری و درہم و دینار کا دل دادہ ہو جاتا ہے ۔

❋ وضو کی شرطیں

وضو کی درج ذیل آٹھ شرطیں ہیں

۱- اسلام ——— کافر کا وضو صحیح نہیں

۲- عقل ——— پاگل کا وضو صحیح نہیں

۳- تمیز ——— چھوٹا بچہ جو تمیز نہ کر پائے

۴- نیت ——— بغیر نیت کے وضو صحیح نہیں جیسے ٹھنڈی حاصل کرنے یا نجاست زائل کرنے کے لئے دھلے

۵- پاک پانی ـــــ ناپاک پانی سے وضو صحیح نہیں

۶- جائز پانی ـــــ غصب کئے گئے پانی یا غیر شرعی طریقے سے حاصل کئے گئے پانی سے وضو درست نہیں

۷- وضو سے پہلے استنجاء ہوا ہو

۸- چمڑے تک جو چیز پانی پہنچنے کے لئے مانع ہو اسے زائل کرنا جیسے نیل پالش، مٹی، پینٹ وغیرہ۔

وضو کے فرائض

۱- چہرہ دھونا یعنی پیشانی کے اوپر جہاں سے اصل میں بال اگتے ہیں وہاں سے ٹھوڑی کے اختتام تک اور ایک کان کی جڑ سے دوسری کان کی جڑ تک دھونا جیسا کہ اللہ نے فرمایا:

﴿فَاغْسِلُوا وُجُوهَكُمْ﴾

"اور اپنے چہرے دھوئے"

اور اسی میں میں کلی کرنا اور ناک میں پانی ڈالنا بھی ہے کیونکہ منہ اور ناک یہ چہرے کا حصہ ہے۔

۲- دونوں ہاتھوں کو کہنیوں تک دھونا جیسا کہ اللہ نے فرمایا:

﴿وَأَيْدِيَكُمْ إِلَى الْمَرَافِقِ﴾

"اور اپنے ہاتھوں کو کہنیوں تک دھوؤ"۔

۳- سر کا مسح کرنا یعنی پیشانی کے بالوں سے گدی تک جیسا کہ اللہ نے فرمایا:

﴿وَامْسَحُوا بِرُءُوسِكُمْ﴾

"اور اپنے سروں کا مسح کرو"

اس میں دونوں کانوں کا مسح بھی ہے کیونکہ یہ بھی سر کا حصہ ہے۔

۴- دونوں پیروں کو ٹخنوں تک دھونا جیسا کہ اللہ نے فرمایا:

﴿وَأَرْجُلَكُمْ إِلَى الْكَعْبَيْنِ﴾

"اور ٹخنوں تک اپنے پاؤں دھوؤ"۔(المائدة: ٦)

۵-اعضائے سابقہ کے درمیان ترتیب کا خیال رکھنا جیسا کہ قرآن کی آیت میں اس کی ترتیب ہے۔

٦-اعضاء کو پے در پے دھونا یعنی طویل وقفہ یا انقطاع نہ ہو۔

وضو کی سنتیں ومستحبات:

ا-بسم اللہ کہنا، ۲- مسواک کرنا، ۳-دونوں ہتھیلیوں کو تین مرتبہ دھونا، ۴-چہرہ دھونے سے پہلے کلی کرنا اور ناک میں پانی ڈالنا، ۵- گھنی داڑھی میں خلال کرنا، ٦-داہنے اعضا کو پہلے دھونا، ۷-دو اور تین مرتبہ دھونا، ۸-وضو کے بعد دعا پڑھنا، ۹- اور وضو کے بعد دو رکعت نماز پڑھنا۔

وضو میں استعمال ہونے والے پانی کی مقدار

وضو میں سنت یہ ہے کہ تین مرتبہ سے زیادہ اعضاء نہ دھوئے اور ایک مد(۶۲۵ گرام) سے وضو کرے اور زیادہ پانی نہ خرچ کرے، اور جس نے زیادہ پانی خرچ کیا اس نے غلط کام کیا اور حد سے تجاوز کیا۔

آداب وضو:

جو شخص نیند سے بیدار ہو اور برتن سے وضو کرنا چاہے وہ اپنی ہتھیلی تین مرتبہ دھولے اس لئے کہ رسول اللہ ﷺ نے فرمایا:

«وَإِذَا اسْتَيْقَظَ أَحَدُكُمْ مِنْ نَوْمِهِ، فَلْيَغْسِلْ يَدَهُ قَبْلَ أَنْ يُدْخِلَهَا فِي وَضُوئِهِ، فَإِنَّ أَحَدَكُمْ لَا يَدْرِي أَيْنَ بَاتَتْ يَدُهُ» "جب تم میں سے کوئی شخص نیند سے بیدار ہو تو وہ اپنا ہاتھ برتن میں اس وقت تک نہ ڈالے جب تک کہ اسے تین مرتبہ نہ دھولے اس لئے کہ وہ نہیں جانتا ہے کہ اس کے ہاتھ نے کہاں رات گزاری ہے"۔(صحیح البخاری:۱۶۲، صحیح مسلم:۲۷۸)

کامل وضو کا طریقہ

آدمی وضو کی نیت کرے، پھر بسم اللہ کہے، پھر اپنی دونوں ہتھیلیوں کو تین مرتبہ دھوئے، پھر ایک ہی ہتھیلی سے کلی کرے اور ناک میں پانی ڈالے، ہتھیلی کا آدھا پانی منہ میں ڈالے اور آدھا ناک میں ڈالے وہ ایسا تین مرتبہ چلو میں کرے، پھر اپنا چہرہ تین مرتبہ دھوئے، پھر اپنا دایاں ہاتھ کہنی سمیت تین مرتبہ دھوئے، پھر اپنے

دونوں ہاتھوں سے ایک مرتبہ سر کے اگلے حصے سے پچھلے حصے تک مسح کرے، پھر دونوں ہاتھوں کو اسی جگہ لوٹائے جہاں سے شروع کیا تھا، پھر اپنی شہادت کی دونوں انگلیوں کو دونوں کانوں کے اندر داخل کرے اور دونوں انگوٹھوں سے کان کے اوپر مسح کرے، پھر اپنا دایاں پیر ٹخنوں سمیت تین مرتبہ دھوئے، پھر بایاں پیر بھی اسی طرح دھوئے، پھر وہ دعا پڑھے جو حدیث میں آئی ہے اس کا بیان ان شاء اللہ آگے آئے گا۔

نبی مکرم ﷺ کے وضو کی کیفیت

عثمان رضی اللہ عنہ کے غلام حمران کہتے ہیں کہ انہوں نے عثمان بن عفان رضی اللہ عنہ کو دیکھا انہوں نے ایک برتن (میں پانی) منگایا، انہوں نے اپنی ہتھیلیوں پر تین مرتبہ پانی ڈالا، پھر کلی کی اور ناک میں پانی ڈالا، پھر اپنا منہ تین مرتبہ دھویا اور دونوں ہاتھوں کو کہنیوں تک تین مرتبہ دھویا، پھر اپنے سر کا مسح کیا، پھر اپنے دونوں پیروں کو ٹخنوں تک تین مرتبہ دھویا، پھر کہنے لگے کہ رسول اللہ ﷺ نے فرمایا ہے:

«مَنْ تَوَضَّأَ نَحْوَ وُضُوئِي هَذَا، ثُمَّ صَلَّى رَكْعَتَيْنِ لا يُحَدِّثُ فِيهِمَا نَفْسَهُ، غُفِرَ لَهُ مَا تَقَدَّمَ مِنْ ذَنْبِهِ» ”جس نے میرے اس وضو کی طرح وضو کیا پھر دو رکعت نماز پڑھی (تحیۃ الوضوء) جس کے دوران اس کے دل میں کسی قسم کا دنیاوی خیال نہ آیا ہو تو اس کے اگلے گناہ بخش دیئے جائیں گے“۔ (صحیح البخاری: ۱۵۹، صحیح مسلم: ۲۲۶)

☆رسول اللہ ﷺ سے یہ ثابت ہے کہ آپ نے ایک ایک بار، دو دو بار اور تین تین بار اور ہاتھوں کو دو، دو بار اور پیروں کو ایک ایک بار دھویا ہے یہ سب سنت ہے، آدمی کو چاہئے کہ کبھی یہ کرے کبھی وہ کرے تاکہ سنت زندہ ہو جیسا کہ متعدد حدیثوں میں یہ کیفیت مذکور ہے: عبداللہ بن عباس رضی اللہ عنہما کہتے ہیں کہ نبی کریم ﷺ نے وضو میں ایک ایک بار اعضائے وضو کو دھویا۔(صحیح البخاری:۱۵۷)

ایک دوسری حدیث میں عبد اللہ بن زید رضی اللہ عنہما کہتے ہیں کہ نبی اکرم ﷺ نے وضو میں اعضاء کو دو دو بار دھویا۔(صحیح البخاری : ۱۸۵)

۳- عثمان رضی اللہ عنہ سے مروی حدیث میں ہے: «أنّ النبي ﷺ تَوضأ ثَلاثًا ثلاثًا» "نبی مکرم ﷺ نے اعضائے وضو کو تین تین بار دھویا" (صحیح مسلم:۲۳۰)

کامل وضو کرنے کا مفہوم:

اللہ کے نبی ﷺ نے فرمایا: «إِنَّهَا لا تَتِمُّ صَلاةُ أَحَدِكُمْ حَتَّى يُسْبِغَ الْوُضُوءَ كَمَا أَمَرَ[هُ] اللَّهُ عَزَّ وَجَلَّ» "تم میں کسی کی کامل نماز اس وقت نہیں ہوگی جب تک کہ وہ اللہ کے حکم کے مطابق کامل وضو نہ کرے"(سنن أبي داود:۸۵۸)

کامل وضو کرنے کا قطعاً یہ مطلب نہیں کہ بہت زیادہ پانی انڈیلا جائے۔ بلکہ حسب ضرورت پانی استعمال کرتے ہوئے تمام اعضائے وضو

تک پانی پہنچایا جائے اور اس کا کوئی جز خشک نہ رہے کیونکہ ناخن کے مقدار میں بھی سوکھا رہ گیا تو وضو نہ ہوگا۔(صحیح مسلم:۵۵۷)

اور وضو و نماز دونوں باطل ہو جائیگی (ابو داود:۱۵۷) بلکہ مستحق عذاب بھی ہو جائے گا۔(صحیح البخاری:۱۶۵، صحیح مسلم:۵۷۲)

دائیں اور بائیں جانب کو مقدم کرنے کی جگہیں:

انسان کے افعال کی دو قسمیں ہیں:

۱- ایک دائیں اور بائیں کے درمیان مشترک ہے، پس اگر کرامت والا معزز عمل ہے جیسے وضو کرنا، غسل کرنا، لباس پہننا، جوتا پہننا، مسجد اور گھر میں داخل ہونا وغیرہ تو دائیں سے شروع کرے، اور اگر کرامت والا عمل نہیں ہے تو بائیں سے شروع کرے جیسے مسجد سے نکلنا، جوتا نکالنا، بیت الخلاء میں جانا وغیرہ۔

۲- دوسرا ان دونوں میں سے کسی ایک کے ساتھ خاص ہے پس اگر وہ کرامت کے باب میں سے ہے تو دائیں ہاتھ سے کرے جیسے کھانا، پینا، مصافحہ کرنا، لینا دینا وغیرہ اور اگر وہ کرامت کے باب میں سے نہیں ہے تو بائیں ہاتھ سے شروع کرے جیسے استنجاء کرنا، شرم گاہ چھونا، ناک سے رینٹ صاف کرنا وغیرہ۔

جیسا کہ ایک حدیث ام المومنین عائشہ رضی اللہ عنہا سے مروی ہے کہتی ہیں کہ نبی صلی اللہ علیہ وسلم کو ہر کام دائیں طرف سے شروع کرنا اچھا لگتا تھا، جوتا

پہننے میں، کنگھی کرنے میں اور طہارت حاصل کرنے میں۔ (صحیح البخاری: ۱٦٨، صحیح مسلم:٢٦٨)

☆وضو سے فارغ ہونے کے بعد شرم گاہ پر پانی کا چھینٹا مارے اور کسی کپڑے یا رومال سے اعضاء وضو کو پونچھ لے۔

وضو کے بعد کی دعا:

(ابو سعید خدری رضی اللہ عنہ سے روایت ہے کہ رسول اللہ صلی اللہ علیہ وسلم نے فرمایا: جس نے وضو کیا پھر یہ کہا: «سبحانك اللهم وبحمدك، لاإله إلا أنت، استغفرك وأتوب إليك» ”تو ایک کاغذ میں اس کا یہ عمل لکھا جائے گا جس پر مہر لگا دی جائے گی اور وہ مہر قیامت کے دن تک نہیں توڑی جائے گی“۔(نسائی فی عمل الیوم واللیلۃ:۸۱، الطبرانی فی الاوسط/۸/۱۴۷۸، ملاحظہ ہو: السلسلۃ الصحیحۃ: ۲۲۳۳)

ایک دوسری حدیث جو عقبہ بن عامر رضی اللہ عنہ سے مروی ہے اس میں رسول اللہ صلی اللہ علیہ وسلم نے یہ دعا سکھائی:

«مَا مِنْكُمْ مِنْ أَحَدٍ يَتَوَضَّأُ، فَيُبْلِغُ أَوْ فَيُسْبِغُ الْوَضُوءَ، ثُمَّ يَقُولُ: أَشْهَدُ أَنْ لا إِلَهَ إِلا اللَّهُ وَأَنَّ مُحَمَّدًا عَبْدُ اللهِ وَرَسُولُهُ إِلا فُتِحَتْ لَهُ أَبْوَابُ الْجَنَّةِ الثَّمَانِيَةُ، يَدْخُلُ مِنْ أَيِّهَا شَاءَ» ”جو شخص وضو مکمل ہونے کے بعد یہ دعا پڑھے گا: میں گواہی دیتا ہوں کہ اللہ کے سوا کوئی معبود برحق نہیں وہ اکیلا ہے اس کا کوئی شریک نہیں

اور میں گواہی دیتا ہوں کہ محمد ﷺ اللہ کے بندے اور رسول ہیں تو اس کے لئے جنت کے آٹھوں دروازے کھول دیئے جائیں گے کہ وہ جس دروازے سے چاہے داخل ہو جائے" (صحیح مسلم:۲۳۴)

وضو میں چار اعضاء دھونے کی حکمت:

اصل حکمت کا علم تو اللہ ہی کے پاس ہے لیکن ظاہری طور پر جو علم حاصل ہوتا ہے، اس سے پتہ چلتا ہے کہ گناہوں کے ارتکاب میں یہ دیگر اعضا کے مقابلے میں زیادہ متحرک و پیش پیش رہتے ہیں، لہذا ان کی ظاہری طہارت کا حکم ان کی باطنی طہارت کا پتہ دیتا ہے، جیسا کہ نبی اکرم ﷺ کی حدیث میں اس کی وضاحت ہے کہ جب ایک مسلمان اعضائے وضو کو دھوتا ہے تو اس سے سرزد ہونے والے گناہ پانی کے ساتھ یا اس کے آخری قطرے کے ساتھ ڈھل جاتے ہیں ،پھر اس کے بعد نبی مکرم ﷺ نے دعائے وضو کا حکم فرما کر ایمان کی تجدید فرمائی جس کا اشارہ ہے کہ بندے کو ظاہری و باطنی دونوں گندگیوں سے پاک کر دیا جائے لہذا اعضاء کے دھونے سے ظاہری پاکی اور شہادتیں سے باطنی (شرک سے) پاکی حاصل ہو جائے اس لئے جب ظاہری طہارت وضو سے اور باطنی طہارت توبہ و توحید سے حاصل ہو جائے تو بارگاہِ رب میں حاضری اور اس کے روبرو مناجات کا مزہ ہی کچھ اور ہے۔

وضو میں واقع ہونے والی چند غلطیاں

۱-الفاظ کے ساتھ نیت کرنا بدعت ہے(الفتاوی الکبری:۱/۲۱۴)

۲-وضو سے پہلے استنجاء کو واجب سمجھنا بے بنیاد ہے۔

۳-بسم اللہ کے ساتھ الرحمن الرحیم کا اضافہ درست نہیں(المغنی لابن قدامہ ۱/۱۱۵)

۴-کانوں کے مسح کے لئے نیا پانی لینا حدیث سے ثابت نہیں(زاد المعاد:۱/۱۹۵)

۵-گردن کا مسح کرنا کسی صحیح حدیث سے ثابت نہیں (مجموع الفتاوی:۲۱/۱۲۷)

۶-وضو سے فارغ ہونے کے بعد آسمان کی طرف دیکھنا اور انگلی اٹھانا کسی بھی صحیح حدیث سے ثابت نہیں بلکہ ابو داؤد والی روایت ضعیف ہے

(ضعیف ابو داود:۳۱)

۷-وضو کے دوران اعضاء دھوتے ہوئے یا مسح کرتے ہوئے نبی کریم ﷺ سے کوئی دعا ثابت نہیں اور اس بارے میں جتنی دعائیں بیان کی جاتی ہیں وہ بدعت ہیں (فتاوی اللجنۃ الدائمۃ :۵/۲۰۵)

۸- ضرورت سے زیادہ پانی استعمال کرنے کی ممانعت۔(ابن ماجہ: ۴۲۵)

موزوں، جرابوں اورپٹیوں پر مسح کے احکام

مسح کی تعریف: تعبد الہی کے خاطر مخصوص انداز میں موزوں پر ہاتھ پھیرنا۔

مسح کی مشروعیت:

بندوں پر آسانی کی خاطر اللہ نے مقیم و مسافر لوگوں کو موزوں، پگڑیوں پر مسح کرنا مشروع قرار دیا، تاکہ وضو کرنے والے ان کے نکالنے کی مشقت و دشواریوں سے بچ سکیں کیونکہ اللہ نے اس دین کو آسانی و سہولت کا دین بنایا ہے، موزوں پر مسح کی مشروعیت اللہ کے رسول اور صحابہ کرام سے عملا ثابت ہے، جیسا کہ بلال رضی اللہ عنہ بیان فرماتے ہیں: «مَسَحَ عَلَى الْخُفَّيْنِ وَالْخِمَارِ» "رسول اللہ صلی اللہ علیہ وسلم نے موزوں اور پگڑی پر مسح کیا" (صحیح مسلم:۲۷۵)

اور امام احمد بن حنبل رحمہ اللہ فرماتے ہیں: مسح کے متعلق اللہ کے نبی صلی اللہ علیہ وسلم سے چالیس (۴۰) حدیثیں مروی ہیں۔(اعلام بفوائد عمدۃ الاحکام:۱/۶۱۵)

موزوں پر مسح کا حکم:

یہ رخصت ہے، موزہ پر مسح کرنا اس کے نکالنے اور پیر دھونے سے افضل ہے، اس میں نبی صلی اللہ علیہ وسلم کی اقتدا اور اہل بدعت کی مخالفت ہے، آپ صلی اللہ علیہ وسلم کا معمول تھا کہ جب آپ کے پیر بلا موزے کے ہوتے تو انہیں دھوتے اور جب آپ موزے پہنے ہوتے تو اس پر مسح کرتے۔

مقیم اور مسافر کے لئے مسح کرنے کی مدت:

مقیم کے لئے ایک دن اور ایک رات، اور مسافر کے لئے تین دن اور تین رات موزوں پر مسح کرنا جائز ہے جیسا کہ علی رضی اللہ عنہ کہتے ہیں: «جعل

رسول الله ﷺ ثلاثة أيام ولياليهن للمسافر، ويوما وليلة للمقيم»
"رسول اللہ ﷺ نے مسافر کو تین دن اور تین رات، مقیم کو ایک دن اور ایک رات موزوں پر مسح کرنے کی اجازت دی ہے"۔(صحیح مسلم:۲۷۶)

☆ مسح کی مدت کی شروعات موزہ پہننے کے بعد پہلی بار مسح کرنے سے ہوگی۔

موزوں پر مسح کرنے کی شرطیں:

۱- جو موزہ پہنا جائے وہ مباح اور پاک ہو،۲- اور طہارت (وضو) کی حالت میں پہنا گیا ہو،۳- اور مسح حدث اصغر میں ہوگا،۴- اور اس مدت میں کیا جائے گا جو مقیم یا مسافر کے لئے مقرر کی گئی ہے اسے اتارا نہ ہو،۵-موزے اس حصے کو ڈھانکے ہوں جس کا دھونا ضروری ہے۔

موزوں پر مسح کرنے کا طریقہ:

آدمی پانی سے اپنا ہاتھ بھگوئے، پھر اپنے دائیں ہاتھ سے دائیں پیر کے موزے کے اوپری حصہ پر اپنی انگلیوں سے پنڈلی تک ایک ہی مرتبہ مسح کرے، موزے کے نچلے حصے پر اور پیچھے مسح کرنے کی ضرورت نہیں ہے اور بائیں ہاتھ سے بائیں موزہ پر اسی طرح مسح کرے۔

موزوں پر مسح مندرجہ ذیل چیزوں سے باطل ہو جاتا ہے:

۱-جب پیر سے موزہ نکال لیا جائے۔

۲-جب غسل لازم ہو جائے، جیسے غسل جنابت۔

۳-جب مسح کی مدت پوری ہو جائے۔

☆لیکن مدت ختم ہونے کے بعد وضو اسی حالت میں ٹوٹے گا جب نواقض وضو میں سے کوئی چیز لاحق ہو جائے۔

پگڑی اور دوپٹے پر مسح کی کیفیت

پگڑی پر مسح کرنا جائز ہے، اور ضرورت کے وقت عورت اپنے دوپٹہ پر مسح کر سکتی ہے، اور اس میں وقت کی کوئی قید نہیں ہے۔

☆پگڑی یا دوپٹہ کے اکثر حصہ پر مسح کیا جائے، اور افضل یہ ہے کہ ان کو طہارت کی حالت میں پہنا جائے جیسا کہ عمرو بن امیہ رضی اللہ عنہ کہتے ہیں کہ میں نے رسول اللہ صلی اللہ علیہ وسلم کو اپنی پگڑی اور موزوں پر مسح کرتے ہوئے دیکھا۔(صحیح البخاری:۲۰۵)

☆موزہ ،پائتابہ، جوتا، پگڑی اور دوپٹے پر مسح حدث اصغر میں ہے، جیسے پیشاب، پائخانہ، نیند وغیرہ اور مدت مسح میں جنبی ہو جائے تو پھر اس پر مسح نہیں کر سکتا بلکہ اپنا پورا بدن دھوئے۔

پٹی پر مسح کی کیفیت

ٹوٹی ہوئی ہڈی کے باندھنے کی لکڑی یا پٹی پر اس کے کھولنے تک مسح جائز ہے اگر چہ مدت لمبی ہوجائے یا اسے جنابت لاحق ہو یا اسے طہارت کی حالت میں نہ پہنا ہو اور اگر چہ اس کے بعض جزء ہی پر مسح ہو تب بھی کافی ہے۔

☆زخم اگر کھلا ہو تو پانی سے اس کا دھونا واجب ہے، اور اگر نقصان کا اندیشہ ہو تو پانی سے اس پر مسح کرے اور اگر پانی سے مسح کرنا دشوار ہو تو تیمم کرے اور اگر زخم چھپا ہوا ہو تو پانی سے اس پر مسح کرے، اور اگر ایسا کرنا دشوار ہو تو تیمم کرے۔

اس مسافر کے لئے مسح کی مدت کی کوئی تحدید نہیں جس کے لئے موزہ بار بار پہننا اور نکالنا دشوار ہو مثلا مسلمانوں کی ڈاک ڈھونے والے، یا کسی ہنگامی صورت (ایمر جنسی) میں لوگوں کے بچاؤ کے خاطر کام کرنے والے۔

وضو کو توڑنے والی چیزیں

وضو کے شروط اور اس کے فرائض و سنن اور مکمل کیفیت کی معرفت کے بعداس بات کی اشد ضرورت ہے کہ ان چیزوں کی بھی معرفت حاصل کر لی جائے جن سے یا تو وضو فاسد ہوجاتا ہے یا ٹوٹ جاتا ہے اور ایسا نہ ہو کہ بندہ اسی حالت میں عبادت کرتا رہے اور اس کی ساری عبادتیں رائیگاں اور بیکار ہو جائیں اور وہی چیزیں جو وضو کو برباد کرتی ہیں ان کے چند نام ہیں، مثلا مفسدات ،نواقض اور مبطلات اور یہ عموما پیشاب اور پاخانے دونوں کے راستے نکلنے والی چیزیں ہوتی ہیں ،اس لئے ان کی تفصیلات درج ذیل سطور میں لکھی جا رہی ہیں۔

وضو مندرجہ ذیل چیزوں سے ٹوٹ جاتا ہے :

ا- دونوں راستوں سے نکلنے والی چیزیں مثلاپیشاب،پاخانہ،ہوا،منی،مذی اور خون وغیرہ جیسا کہ ابو ہریرہ رضی اللہ عنہ سے مروی ہے کہ رسول اللہ ﷺ نے فرمایا: «لاتُقبَلُ صَلاۃُ مَنْ أَحْدَثَ حَتَّی یَتَوَضَّأَ» "اللہ تعالی تم میں سے کسی کی نماز قبول نہیں فرماتا جبکہ اسے حدث لاحق ہو،جب تک کہ وہ وضو نہ کرلے" (صحیح البخاری:۱۳۵، صحیح مسلم:۲۲۵)

۲- وہ گہری نیند جس سے عقل زائل ہو جائے یا جب آدمی بیہوش ہو جائے یا نشہ میں ہو جائے جیسا کہ علی رضی اللہ عنہ سے مروی ہے کہ رسول اللہ صلی اللہ علیہ وسلم نے فرمایا: «الْعَيْنُ وِكَاءُ السَّهِ، فَمَنْ نَامَ، فَلْيَتَوَضَّأْ» آنکھیں دبر کا تسمہ ہیں لہذا جو سو جائے وہ وضو کرے (صحیح ابن ماجہ :۳۸٦) حسن۔

۳- بلا حائل آدمی اپنا ذکر(عضو تناسل) چھوئے یا عورت اپنا فرج(شرم گاہ) چھوئے اللہ کے رسول صلی اللہ علیہ وسلم نے فرمایا:

«مَنْ مَسَّ ذَكَرَهُ، فَلْيَتَوَضَّأْ» "جس شخص نے اپنا آلہ تناسل چھوا وہ وضو کرے "(سنن أبي داود:۱۸۱، صحیح)

۴- ہر وہ چیز جس سے غسل واجب ہوتا ہے جیسے جنابت، حیض اور نفاس ۔

۵- اگر مرتد ہو جائے ۔

٦-اگر اونٹ کا گوشت کھائے جابر بن سمرہ رضی اللہ عنہ کہتے ہیں کہ ایک شخص نے رسول اللہ صلی اللہ علیہ وسلم سے پوچھا کہ کیا بکری کا گوشت کھانے کے بعد (نئے طریقے سے)وضو کرنا ضروری ہے ؟آپ نے فرمایا: «إِنْ شِئْتَ فَتَوَضَّأْ، وَإِنْ شِئْتَ فَلا تَوَضَّأْ، قَالَ: أَتَوَضَّأُ مِنْ لُحُومِ الإِبِلِ؟ قَالَ: "نَعَمْ" فَتَوَضَّأْ مِنْ لُحُومِ الإِبِلِ» "اگر تم وضو کرنا چاہو تو کرو، اور اگر نہ کرنا چاہو تو نہ کرو، اس نے کہا: کیا اونٹ کے گوشت سے وضو کیا جائے گا؟آپ نے فرمایا: ہاں تم اونٹ کے گوشت سے وضو کرو"۔(صحیح مسلم:۳٦۰)

طہارت میں شک ہونے پر کب وضو کرے:

جس کو طہارت کے بارے میں یقین ہو، اور حدث کے بارے میں شک ہو، وہ یقین پر بنا کرے اسے وضو کرنے کی ضرورت نہیں اور جیسے حدث پر یقین ہو اور طہارت میں شک ہو تو یقین پر اعتبار کرتے ہوئے دوبارہ وضو کرے گا جیسا کہ ابو ہریرہ رضی اللہ عنہ سے روایت ہے کہ رسول اللہ صلی اللہ علیہ وسلم نے فرمایا:

«إِذَا وَجَدَ أَحَدُكُمْ فِي بَطْنِهِ شَيْئًا، فَأَشْكَلَ عَلَيْهِ أَخَرَجَ مِنْهُ شَيْءٌ أَمْ لا، فَلا يَخْرُجَنَّ مِنَ الْمَسْجِدِ حَتَّى يَسْمَعَ صَوْتًا، أَوْ يَجِدَ رِيحًا» "جب تم میں سے کوئی شخص اپنے پیٹ میں کچھ محسوس کرے، اور اسے یہ شبہ ہو کہ ہوا خارج ہوئی ہے یا نہیں تو مسجد سے اس وقت تک نہ نکلے جب تک کہ آواز نہ سن لے یا بدبو نہ محسوس کر لے"۔(صحیح مسلم: ۳۶۲)

انسان کے بدن سے جو چیزیں نکلتی ہیں ان کی دو قسمیں ہیں:

۱- پاک چیزیں: مثلاً آنسو، رینٹ، تھوک، پسینہ، منی۔

۲-ناپاک چیزیں: مثلاً پاخانہ، پیشاب، مذی، ودی، وہ خون جو پیشاب یا پاخانہ کے راستے سے نکلے۔

خون نکلنے کا حکم:

اگر خون دونوں راستوں سے نکلے تو وضو ٹوٹ جائے گا لیکن اگر

جسم کے بقیہ حصوں سے نکلے مثلاناک، دانت یا زخم وغیرہ سے تو اس سے وضو نہیں ٹوٹے گا خون کم ہو یا زیادہ لیکن اس کا دھونا ضروری ہے۔

وضو کی مستحب صورتیں:

☆ قے کے بعد☆ میت کو اٹھا کر لے جائے تو اس کے لئے وضو کرنا مستحب ہے☆ اور ہر حدث کے وقت وضو کرنا مستحب ہے☆ اور ہر نماز کے لئے اگر حدث لاحق نہ ہو اہو تووضو کرنا مستحب ہے☆ لیکن اگر حدث لاحق ہوگیا ہو تو وضو کرنا واجب ہے۔

سونے کے وقت وضو کرنا سنت ہے☆ اسی طرح جنبی کے لئے جب سونے یا کھانے کا ارادہ کرے☆ یا دوبارہ جماع کرناچاہے تووضو کرنا سنت ہے۔

نواقض وضو کے چند مسائل:

۱- سلسل بول (بیماری کی وجہ سے پیشاب کے راستےسے برابر پیشاب کا قطرہ ٹپکنا) میں مبتلا مرد و عورت ہر نماز کے لئے نیا وضو کریں گے اور اس نماز کے اوقات میں پوری نماز اور تلاوت قرآن سب کچھ بلا تامل ادا کریں گے اور یہی حکم گیسٹک کے مریض کا بھی ہے۔

۲-استحاضہ والی وہ عورت جسے ایام حیض کے علاوہ خون آتا رہے اس کا بھی یہی حکم ہے کہ وہ ہر نماز کے لئے نئے وضو سے نماز قرآن کی تلاوت اور طواف کعبہ وغیرہ کر سکتی ہے

۳- صرف پیٹ میں گڑ گڑاہٹ کی وجہ سے وضو نہیں ٹوٹتا جب تک کہ ہوا نکلنے یا بدبو کا احساس نہ ہو جائے۔

۴- اونٹنی کا دودھ پینے یا چائے وغیرہ پینے سے وضو نہیں ٹوٹتا۔

۵- نکسیر(ناک کے راستے سے نکلنے والا خون) سے، پائیریا (مسوڑھوں کے خون) نکلنے سے وضو نہیں ٹوٹتا نیز شرمگاہ کے علاوہ کہیں سے بھی خون کے نکلنے سے وضو نہیں ٹوٹتا۔

۶- معمولی اونگھ کسی بھی حالت میں ہو اس سے وضو نہیں ٹوٹتا

۷- بیوی کا بوسہ لینے یا محض اسے چھونے سے نہ وضو ٹوٹتا اور نہ ہی روزے پر کوئی اثر پڑتا ہے۔

۸- قہقہہ سے وضو نہیں ٹوٹتا۔ اس بارے میں وارد حدیث ضعیف اور نا قابل اعتبار ہے۔

۹- شرمگاہ پر نظر پڑنے سے وضو پر کوئی فرق نہیں پڑتا۔

۱۰- وضو کے بغیر تلاوت قرآن کر سکتا ہے لیکن چھونے کے لئے باوضو ہونا ضروری ہے۔

۱۱- مردوں کا سونا یا ریشم چھونے سے یا بدن میں الکوحل لگنے سے یا کسی کافر کا بدن چھونے سے وضو نہیں ٹوٹتا کیونکہ ان کی حرمت یا نجاست معنوی ہے حسی نہیں۔

۱۲- عورت کے سامنے کے شرمگاہ سے ہوا خارج ہونے سے وضو نہیں ٹوٹتا (تساولات حائرہ، ص:۱۶۴)

۱۳- حیض کے ایام کے علاوہ عورت کے رحم (بچہ دانی) سے سفید یا کچھ زردی مائل دھات (پانی) کے نکلنے سے نہ عورت کو وضو کی ضرورت ہوتی ہے اور نہ ہی کپڑے میں لگے ہوئے اس دھات کو دھونے کی ضرورت ہے بلکہ فقہاء کی زبان میں اسے عورت کے شرمگاہ کی رطوبت کا نام دیا گیا ہے اوراس حالت سے شاید ہی کوئی عورت محفوظ ہو۔

۱۴- جس جانور کا گوشت کھایا جائے اس کا پیشاب، گوبراور منی اور آدمی کا منی پاک ہے اسی طرح بلی کا جھوٹا بھی پاک ہے۔

۱۵- درندے، شکاری پرندے، گدھا خچر سب پاک ہیں اگر وہ زندہ ہوں اور ان کا جھوٹا بھی پاک ہے البتہ ان کی لید اور خون نجس ہے۔

۱۶- جسے حدث لاحق ہو اس کے لئے نماز پڑھنا اور مصحف چھونا منع ہے یہاں تک کہ وضو کرلے۔

۱۷- ناقض وضو ہونے میں مرد و عورت کی شرمگاہ اور قبل و دبر میں کوئی فرق نہیں ہے۔

غسل کے احکام ومسائل

غسل کی لغوی وضاحت: غسل اگر غین پر زبر ہو تو یہ مصدر ہے جس کا معنی دھونا ہے اور اگر غسل کے غین پر پیش ہو تو اس کا معنی نہانا ہے۔

غسل کی تعریف: تعبد الٰہی کی خاطر پاک پانی سے مخصوص طریقے سے پورے بدن کے دھونے کو غسل کہتے ہیں۔

غسل کو واجب کرنے والے امور:

۱-اگر منی اچھل کر لذت سے نکلے چاہے مرد کی منی ہو یا عورت کی، چاہے تنہا رہنے کی حالت میں نکلے، یا جماع کے وقت یا سونے کی حالت میں احتلام کی صورت میں نکلے۔ جیسا کہ اللہ تعالی نے فرمایا:

﴿وَإِن كُنتُمْ جُنُبًا فَٱطَّهَّرُوا۟﴾ [المائدة: ٦]

"جب تم حالت جنابت میں ہو تو غسل کر لو"۔

۲-سپاری کے شرمگاہ کے اندر جانے سے گرچہ انزال نہ ہو جیسا کہ ابو ہریرہ رضی اللہ عنہ سے روایت ہے کہ رسول اللہ صلی اللہ علیہ وسلم نے فرمایا:

«إِذَا جَلَسَ بَيْنَ شُعَبِهَا الأَرْبَعِ، ثُمَّ جَهَدَهَا، فَقَدْ وَجَبَ عَلَيْهِ

الْغُسْلُ» ”آدمی جب چاروں شاخوں کے درمیان بیٹھے اور کوشش کرے، (جماع کرے) تو غسل واجب ہے“۔(صحیح البخاری: ۲۹۱، صحیح مسلم:۳۴۸)

اور ایک دوسری حدیث میں اللہ کے رسول ﷺ نے فرمایا: «وَمَسَّ الْخِتَانُ الْخِتَانَ، فَقَدْ وَجَبَ الْغُسْلُ» ”اور ختنہ ختنے سے مل جائے (یعنی ذکر فرج سے مل جائے) تو غسل واجب ہو جائے گا“۔

۳-جب مسلمان کی وفات ہوجائے (البتہ شہید کو غسل نہیں دیا جائے گا) جیسا کہ حدیث میں ہے: «اغْسِلُوهُ بِمَاءٍ وَسِدْرٍ» ”اسے پانی اور بیری کے پتوں کے ساتھ غسل دو“ (صحیح البخاری: ۱۸۴۹، مسلم:۲۰۹۲)

۴-جب کافر اسلام لائے جیسا کہ نبی ﷺ نے فرمایا: ”پانی اور بیر کے پتوں سے غسل کرو“۔(صحیح ابوداد:۳۴۲)

۵- حیض (ماہواری)

۶-نفاس (ولادت کے بعد کی ناپاکی) جیسا کہ اللہ تعالی نے فرمایا:

﴿فَٱعۡتَزِلُواْ ٱلنِّسَآءَ فِي ٱلۡمَحِيضِ وَلَا تَقۡرَبُوهُنَّ حَتَّىٰ يَطۡهُرۡنَ فَإِذَا تَطَهَّرۡنَ فَأۡتُوهُنَّ مِنۡ حَيۡثُ أَمَرَكُمُ ٱللَّهُ﴾ [البقرة: ۲۲۲]

”حیض (کے دنوں) میں عورتوں سے الگ رہو اور پاک ہونے تک ان کے قریب نہ جاؤ، جب پاک ہوجائیں، تو جہاں سے تمہیں اللہ نے حکم دیا ہے جاسکتے ہو“۔

کامل غسل کی کیفیت:

غسل کی دل سے نیت کرنا، پھر بسم اللہ کہہ کر اپنے ہاتھوں کو تین مرتبہ دھونا، پھر اپنی شرمگاہ دھونا، پھر کامل وضو کرنا، پھر اپنے سر پر تین مرتبہ پانی ڈالنا اور انگلیوں سے بال میں خلال کرنا، پھر اپنا بقیہ جسم ایک مرتبہ دھونا، اور دائیں جانب سے پہلے شروع کرنا، اور بدن کو ملنا اور ضرورت سے زیادہ پانی خرچ نہ کرنا۔

سنت یہ ہے کہ غسل کرنے سے پہلے نماز کے وضو کی طرح وضو کیا جائے، پس اگر کسی نے غسل کر لیا اوراس سے پہلے وضو نہیں کیا تو بعد میں وضو کرنا مشروع نہیں۔

رسول اللہ ﷺ کے غسل کا طریقہ:

عبداللہ بن عباس رضی اللہ عنہما کہتے ہیں کہ مجھ سے میری خالہ میمونہ رضی اللہ عنہا نے بیان کیا کہ میں رسول اللہ ﷺ کے لئے جنابت سے غسل کرنے کا پانی رکھا، آپ ﷺ نے اپنی ہتھیلیوں کو دو یا تین مرتبہ دھویا، پھر اپنا ہاتھ برتن میں ڈالا، پھر اس سے شرمگاہ پر پانی ڈالا اور اپنے بائیں ہاتھ سے شرمگاہ کو دھویا، پھر اپنا بایاں ہاتھ زمین پر مارا اور اسے خوب رگڑا، پھر نماز کے وضو کی طرح وضو کیا، پھر اپنے سر پر اپنی ہتھیلیاں بھر کر تین لپ پانی ڈالا، پھر اپنا پورا جسم دھویا، پھر وہاں سے ذرا ہٹ گئے، اور اپنا پیر دھویا، پھر میں آپ کے پاس رومال لائی آپ نے اسے واپس کر دیا۔ (صحیح البخاری:۲۷۶، صحیح مسلم: ۳۱۷)

جنبی پر کون سا عمل حرام ہے:

☆ نماز پڑھنا ☆ خانہ کعبہ کا طواف کرنا ☆ قرآن کریم کا چھونا ☆ مسجد میں بیٹھنا ☆ لیکن اگر وہاں سے راستے کے طور پر گزرے تو کوئی حرج نہیں ۔

جنبی کے سونے کی کیفیت:

حالت جنابت میں سونا جائز ہے لیکن یہ بہتر ہے کہ پہلے اپنے شرم گاہ دھولے اور وضو کرے، پھر سوئے، ام المؤمنین عائشہ رضی اللہ عنہا کہتی ہیں کہ رسول اللہ ﷺ جب جنابت کی حالت میں سونا چاہتے تو اپنی شرم گاہ دھو ڈالتے، اور نماز کی طرح وضو کر لیتے ۔ (صحیح البخاری: ۲۸۸، صحیح مسلم: ۳۰۵)

جنبی کیا کر سکتا ہے؟

۱- مرد جنابت کا غسل اپنی عورت کے ساتھ ایک ہی برتن میں کر سکتا ہے ام المؤمنین عائشہ رضی اللہ عنہا کہتی ہیں کہ میں اور رسول اللہ ﷺ (دونوں مل کر) جنابت کی حالت میں ایک ہی برتن میں نہاتے۔ (صحیح البخاری: ۲۶۳، صحیح مسلم: ۳۲۱)

۲- جس شخص نے اپنی بیوی سے جماع کیا ہو پھر دوبارہ کرنا چاہے یا اپنی دوسری بیویوں کے پاس آنا چاہے اس کے لئے مستحب ہے کہ

دو جماع کے درمیان غسل کرے اور اگر ایسا نہ کر سکے تو وضو کرے، اس لئے کہ اس سے چستی پیدا ہو جائے گی، لیکن ایک ہی غسل سے اپنی تمام بیویوں کے پاس آسکتا ہے، اور ایک ہی غسل سے اپنی بیوی سے کئی بار جماع کر سکتا ہے۔

کن صورتوں میں غسل مستحب ہے:

۱- حج یا عمرہ کے لئے احرام باندھنے کے وقت، ۲- جب میت کو غسل دے، ۳- جب جنون یا بیہوشی سے افاقہ ہو، ۴- جب مکہ میں داخل ہو، ۵- ہر جماع کے لئے غسل کرنا بھی مستحب ہے، ۶- اور جس عورت کو استحاضہ کا خون آئے اس کے لئے بھی ہر نماز کے لئے غسل مستحب ہے، ۷- جو مشرک کو دفن کرے اس کے لئے بھی غسل کرنا مستحب ہے، ۸- جو شخص دو مرتبہ یا اس سے زیادہ جماع کرنا چاہے وہ ایک بیوی سے ہو یا کئی بیویوں سے ہو اس کے لئے ایک مرتبہ غسل کافی ہے جیسا کہ انس رضی اللہ عنہ کہتے ہیں کہ نبی کریم ﷺ ایک ہی غسل سے اپنی تمام بیویوں کے پاس ہو آتے۔ (صحیح البخاری: ۲۶۸، صحیح مسلم: ۳۰۹)

۹- ایک ہی غسل حیض اور جنابت دونوں کے لئے کافی ہے، یا جنابت اور جمعہ کے لئے بھی کافی ہے، جب دونوں کی ایک ساتھ نیت ہو۔

۱۰- غسل جنابت میں عورت کے لئے اپنے بالوں کو کھولنا واجب نہیں، اور غسل حیض و نفاس میں بالوں کا کھولنا مستحب ہے۔

غسل کی سنتیں:

ا- غسل سے پہلے وضو کرنا ۲-گندگی کو دور کرنا ۳-سر پر تین مرتبہ پانی ڈالنا ۴- او ربقیہ جسم پر تین مرتبہ پانی ڈالنا ۵- اور دائیں جانب سے شروع کرنا ۶-کلی کرنا، ناک میں پانی ڈالنا، کانوں کے باطنی حصہ کو دھونا۔

غسل کے پانی کی مقدار:

سنت یہ ہے کہ جنبی ایک صاع پانی سے لے کر پانچ مد تک پانی سے غسل کرے، پس اگر اس سے کم ہوجائے یا اس سے زیادہ ضرورت پڑے مثلاً تین صاع تب بھی جائز ہے جیسا کہ انس رضی اللہ عنہ کہتے ہیں کہ رسول اللہ صلی اللہ علیہ وسلم ایک صاع پانی سے لے کر پانچ مد تک پانی سے غسل کرتے تھے اور ایک مد سے وضو کرتے تھے ۔ (صحیح البخاری: ۲۰۱، صحیح مسلم: ۳۲۵)

غسل کے مکروہات

ا-بیت الخلاء میں غسل کرنا مکروہ ہے اس لئے کہ وہ نجاست کی جگہ ہے، اور اس میں غسل کرنے سے وسوسہ پیدا ہوگا اور پیشاب کرکے پھر اسی جگہ غسل نہ کرے تاکہ نجس نہ ہو۔

۲-پانی زیادہ استعمال کرنا۔

۳-عورت کے بچے ہوئے پانی سے غسل کرنا۔

۴-دیوار وغیرہ کا پردہ کئے بغیر نہانا۔

۵- ٹھہرے ہوئے پانی میں نہانا۔

عورت اور مرد کے غسل جنابت میں تفریق:

غسل جنابت کے طریقے میں مرد اور عورت کے درمیان کوئی فرق نہیں اور نہ ہی ان دونوں میں سے کسی ایک کے لئے بال کھولنا ضروری ہے بلکہ اتنا ہی کافی ہے کہ وہ اپنے سر پر پانی کے تین چلو ڈال لے ،پھر اپنے سارے جسم پر پانی بہالے۔(فتاوی اللجنۃ الدائمۃ: ۵/۳۲۰)

عورت کے غسل حیض و جنابت میں فرق:

علامہ البانی رحمہ اللہ اس کے متعلق ساری حدیثوں کو جمع کرنے کے بعد فرماتے ہیں کہ غسل حیض میں مینڈھیاں کھولنا واجب ہے اور غسل جنابت میں کھولنے کی ضرورت نہیں۔(الصحیحۃ:۱۸۸)

3

تیمم کے احکام و مسائل

تیمم کی لغوی تعریف: لفظ تیمم مصدر ہے جس کا معنی ہے قصد و ارادہ کرنا۔

تیمم کی شرعی تعریف: تعبد الٰہی کی خاطر نماز وغیرہ کی نیت کرتے ہوئے پاک مٹی کے ساتھ چہرے اور دونوں ہاتھوں کا مسح کرنا۔

تیمم کا حکم:

تیمم یہ اس امت کے خصائص میں سے ہے تیمم طہارت حاصل کرنے کے لئے پانی کے بدلے میں ہے، جسے حدث اصغر یا حدث اکبر لاحق ہو جائے اور اسے پانی استعمال کرنا دشوار ہو یا اس وجہ سے کہ پانی نہ ملے یا اس کا استعمال نقصان دہ ہو، یا اس کے استعمال کرنے سے وہ عاجز و بے بس ہو تو اس کے لئے تیمم کرنا جائز ہے جیسا کہ اللہ تعالی فرماتا ہے:

﴿يَٰٓأَيُّهَا ٱلَّذِينَ ءَامَنُوٓاْ إِذَا قُمۡتُمۡ إِلَى ٱلصَّلَوٰةِ فَٱغۡسِلُواْ وُجُوهَكُمۡ وَأَيۡدِيَكُمۡ إِلَى ٱلۡمَرَافِقِ وَٱمۡسَحُواْ بِرُءُوسِكُمۡ وَأَرۡجُلَكُمۡ إِلَى ٱلۡكَعۡبَيۡنِۚ وَإِن كُنتُمۡ جُنُبٗا فَٱطَّهَّرُواْۚ وَإِن كُنتُم مَّرۡضَىٰٓ أَوۡ عَلَىٰ سَفَرٍ أَوۡ جَآءَ أَحَدٞ مِّنكُم مِّنَ ٱلۡغَآئِطِ أَوۡ لَٰمَسۡتُمُ ٱلنِّسَآءَ فَلَمۡ تَجِدُواْ مَآءٗ فَتَيَمَّمُواْ

صَعِيدًا طَيِّبًا فَامْسَحُوا۟ بِوُجُوهِكُمْ وَأَيْدِيكُم مِّنْهُ ۚ مَا يُرِيدُ ٱللَّهُ لِيَجْعَلَ عَلَيْكُم مِّنْ حَرَجٍ وَلَـٰكِن يُرِيدُ لِيُطَهِّرَكُمْ وَلِيُتِمَّ نِعْمَتَهُۥ عَلَيْكُمْ لَعَلَّكُمْ تَشْكُرُونَ ﴿٦﴾ [المائدة: ٦]

”اے ایمان والو! جب تم نماز کے لئے اٹھو تو اپنے منہ کو اور اپنے ہاتھوں کو کہنیوں سمیت دھولو، اپنے سروں کا مسح کرو، اور اپنے پاؤں کو ٹخنوں سمیت دھولو ، اوراگر تم جنابت کی حالت میں ہو تو غسل کرلو، ہاں اگر تم بیمار ہو یا سفر کی حالت میں ہو یا تم میں سے کوئی حاجت ضروری سے فارغ ہو کر آیا ہو ، یا تم عورتوں سے ملے ہو اور تمہیں پانی نہ ملے تو تم پاک مٹی سے تیمم کرلو ، اسے اپنے چہروں پر اور ہاتھوں پر مل لو، اللہ تعالی تم پر کسی قسم کی تنگی نہیں ڈالنا چاہتا بلکہ اس کا ارادہ تمہیں پاک کرنے کا اور تمہیں اپنی بھرپور نعمت دینے کا ہے، تاکہ تم شکر ادا کرتے رہو“۔

تیمم کی ابتدا

ام المومنین عائشہ رضی اللہ عنہا بیان فرماتی ہیں :ہم رسول اللہ صلی اللہ علیہ وسلم کے ساتھ کسی سفر میں نکلے جب بیداء یا ذات جیش (مقام) پر پہونچے تو میرا ہار ٹوٹ کر گر گیا، رسول اللہ صلی اللہ علیہ وسلم اسے تلاش کرنے کے لئے ٹھہر گئے اور لوگ بھی آپ کے ساتھ ٹھہر گئے، لیکن وہاں پانی نہ تھا اور نہ لوگوں کے پاس پانی تھا، لوگ ابو بکر رضی اللہ عنہ کے پاس آکر کہنے لگے :کیا

آپ کو معلوم ہے کہ عائشہ رضی اللہ عنہا نے کیا کیا؟ رسول اللہ صلی اللہ علیہ وسلم اور لوگوں کے ساتھ آپ کو بھی ایسے مقام پر ٹھہرا دیا جہاں پانی نہیں ہے، اور نہ ہی لوگوں کے پاس پانی ہے، یہ سن کر ابو بکر رضی اللہ عنہ آئے تو اس وقت رسول اللہ صلی اللہ علیہ وسلم میری ران پر سر رکھ کر سو رہے تھے، انھوں نے کہا: تو نے رسول اللہ صلی اللہ علیہ وسلم اور لوگوں کو ایسے مقام پر روک دیا ہے جہاں پانی نہیں ہے اور نہ ہی ان کے پاس پانی ہے اور مجھ سے ناراض ہو کر میری کوکھ پر کونچنے (مارنے) لگے لیکن میں نے ہلچل نہیں کی، صرف اس وجہ سے کہ رسول اللہ صلی اللہ علیہ وسلم کا سر میری ران پر تھا (اور آپ صلی اللہ علیہ وسلم سو رہے تھے) جب صبح کو اٹھے تو پانی نہ تھا، (بعض صحابہ نے بغیر وضو ہی کے نماز پڑھ لی، جیسا کہ دوسری روایت میں ہے) تب اللہ تعالی نے تیمم کی آیت نازل فرمائی، اسید بن حضیر رضی اللہ عنہ نے کہا: اے ابو بکر کے گھر والو! یہ تمہاری پہلی برکت نہیں ہے (یعنی تمہاری وجہ سے بہت سی برکتیں اور راحتیں مسلمانوں کو نصیب ہوئی ہیں)، عائشہ رضی اللہ عنہا بیان فرماتی ہیں کہ پھر ہم نے اپنا وہ اونٹ اٹھایا جس پر میں سوار تھی تو میرا ہار بھی اس کے نیچے سے برآمد ہو گیا"۔ (نسائی:۳۱۱، صحیح)

کس چیز سے تیمم کیا جائے؟

تیمم زمین کی تمام مٹی، ریت اور پتھر سے جائز ہے، چاہے وہ مٹی خشک ہو یا تر۔

تیمم کا طریقہ:

پہلے نیت کرنا، پھر بسم اللہ کہنا اور اپنے ہاتھوں کے اندرونی حصے سے زمین پر ایک مرتبہ مارنا، پھر انہیں اپنے ہتھیلی پر پھیرنا ،پہلے بائیں ہاتھ کا اندرونی حصہ دائیں ہاتھ کے پشت پر پھیرنا ، پھر دائیں ہاتھ کا اندرونی حصہ بائیں ہاتھ کے پشت پر پھیرنا جیسا کہ عبد الرحمن بن ابزی اپنے باپ سے روایت کرتے ہیں کہ ایک آدمی عمر بن خطاب رضی اللہ عنہما کے پاس آیا، اور کہنے لگا کہ اگر مجھے جنابت لاحق ہو اور پانی نہ ملے تو کیا کروں عمار بن یاسر رضی اللہ عنہما نے عمر رضی اللہ عنہ سے کہا: کیا آپ کو یاد نہیں ہم دونوں ایک سفر میں تھے اور ہمیں جنابت لاحق ہوئی آپ نے تو نماز ہی نہیں پڑھی اور میں مٹی میں لوٹا اور نماز پڑھ لی پھر میں رسول اللہ صلی اللہ علیہ وسلم سے یہ بیان کیا تو آپ صلی اللہ علیہ وسلم نے فرمایا:

«إِنَّمَا كَانَ يَكْفِيكَ هَكَذَا، فَضَرَبَ النَّبِيُّ ﷺ بِكَفَّيْهِ الأَرْضَ وَنَفَخَ فِيهِمَا، ثُمَّ مَسَحَ بِهِمَا وَجْهَهُ وَكَفَّيْهِ» ”تمہارے لئے ایسا کرنا کافی تھا ،پھر آپ نے اپنی دونوں ہتھیلیاں زمین پر ماریں، اور ان کو پھونک دیا پھر منہ اور دونوں ہتھیلیوں پر مسح کیا“۔ (صحیح البخاری: ۳۳۸، صحیح مسلم: ۳٦۸) اور ایک دوسری روایت میں یوں ہے عمار رضی اللہ عنہ تیمم کی صفت بیان کرتے ہوئے کہتے ہیں کہ نبی صلی اللہ علیہ وسلم نے فرمایا:

«إِنَّمَا كَانَ يَكْفِيكَ، أَنْ تَصْنَعَ هَكَذَا، فَضَرَبَ بِكَفِّهِ ضَرْبَةً عَلَى الأَرْضِ، ثُمَّ نَفَضَهَا، ثُمَّ مَسَحَ بِهِمَا ظَهْرَ كَفِّهِ بِشِمَالِهِ أَوْ

ظَهْرَ شِمَالِهِ بِكَفِّهِ، ثُمَّ مَسَحَ بِهِمَا وَجْهَهُ» "تمہارے لئے ایسا کرنا کافی تھا پھر آپ نے اپنی ہتھیلیوں کو ایک مرتبہ زمین پر مارا، پھر انہیں جھاڑا، پھر بائیں ہاتھ سے دائیں ہاتھ کی پشت پر ملایا دائیں ہاتھ سے بائیں ہاتھ کی پشت پر ملا، پھر اپنے منہ پر دونوں ہاتھوں کو پھیر لیا" (صحیح البخاری: ۳۴۷، صحیح مسلم: ۳۶۸)۔

تیمم سے کون کون سی پاکی حاصل ہوتی ہے؟

اگر ایک تیمم سے کئی حدثوں کو دور کرنے کی نیت کرے مثلا پیشاب اور پاخانہ کیا ہے ، اور احتلام ہوا ہے تو ایک تیمم ان تمام احداث کی طرف سے کافی ہو گا اور تیمم کرنے والے کے لئے وہ ساری چیزیں مباح ہوں گی جو وضو کرنے والے کے لئے مباح ہیں مثلا نماز، طواف، قرآن کا چھونا، مسجد میں ٹھہرنا وغیرہ۔

نواقض تیمم:

۱۔اگر پانی مل جائے ۔

۲۔جب عذر زائل ہوجائے مثلا مرض یا حاجت وغیرہ۔

۳۔نواقض وضو(جن کا بیان پیچھے گزر چکا ہے) ۔

تیمم کے چند مسائل:

☆اگر کسی کو پانی اور مٹی دونوں نہ ملے تو وہ اپنی حالت کے مطابق بغیر وضو و تیمم کے نماز پڑھے اور اس پر اعادہ نہیں ۔

☆تیمم حدث اصغر اور حدث اکبر سے طہارت حاصل کرنے کے لئے مشروع کیا ہے البتہ میل کچیل یا گندگی چاہے وہ بدن پر ہو یا کپڑے پر اس کو تیمم سے زائل نہیں کیا جاسکتا، پس آدمی اگر ان کو زائل نہیں کر سکتا تو جس طرح ہو سکے نماز پڑھ لے۔

☆جو شخص زخمی ہو اور اس بات سے ڈر رہا ہو کہ اگر پانی کا استعمال کرے گا تو پانی اسے نقصان پہنچائے گا وہ زخم پر مسح کرلے اور باقی بدن دھو لے اور اگر مسح سے بھی نقصان ہو تو اس کے لئے تیمم کرلے اور باقی اعضاء دھو لے۔

☆اگر تیمم کرنے والے نے نماز پڑھ لی ہے اور نماز کے وقت ہی میں اسے پانی مل گیا تو کیا کرنا چاہئے اس کے بارے میں ابو سعید خدری رضی اللہ عنہ کہتے ہیں کہ دو آدمی سفر پر نکلے اتنے میں نماز کا وقت ہوگیا، ان دونوں کے پاس پانی نہیں تھا ان دونوں نے پاک مٹی سے تیمم کیا، اور نماز پڑھ لی، پھر نماز کے وقت ہی میں ان کو پانی مل گیا چنانچہ ان میں سے ایک نے وضو کیااور نماز دہرایا اور دوسرے نے نہیں دہرایا، پھر دونوں رسول اللہ صلی اللہ علیہ وسلم کے پاس آئے اور آپ سے یہ واقعہ بیان کیاتو آپ صلی اللہ علیہ وسلم نے اس شخص سے فرمایا: «لِلَّذِي لَمْ يُعِدْ: أَصَبْتَ السُّنَّةَ وَأَجْزَأَتْكَ صَلاتُكَ، وَقَالَ لِلَّذِي تَوَضَّأَ وَأَعَادَ: لَكَ الأَجْرُ مَرَّتَيْنِ» "جس نے نہیں دہرایا تھا کہ تم نے سنت کے مطابق کیا، اور تمہاری نماز ہو گئی، اور جس نے نماز اور وضو

دہرایا تھا اس سے کہا کہ تمہارے لئے دہرانا اجر ہے"۔ (سنن أبي داود: ۳۳۸، سنن النسائی: ۴۳۳، صحیح)

حیض ونفاس کے احکام ومسائل

حیض کا لغوی معنی: لفظ حیض یا محیض مصدر ہے جس کا معنی ہے بہنا یا ماہواری کا خون جاری ہونا۔

حیض کی اصطلاحی تعریف: وہ فطری و طبعی خون جو عورت کے رحم سے (ولادت یا امراض سے سلامتی کی حالت میں) بلوغت کے بعد مخصوص ایام میں عورت کی شرم گاہ کے راستے سے ہر ماہ باہر آتا ہے۔

حیض کی حکمت:

اللہ تعالی نے حیض کے خون کو ایک بڑی حکمت کے پیش نظر پیدا کیا ہے، وہ ماں کے پیٹ میں بچے کے لئے غذا کا کام کرتا ہے اسی لئے حاملہ عورت کو عام طور پر حیض نہیں آتا، پھر جب بچے کی ولادت ہو جاتی ہے تو اللہ تعالی اسے دودھ کی شکل بنا دیتا ہے جو عورت کے پستان سے نکلتا ہے اسی لئے دودھ پلانے والی عورت عام طور پر حائضہ نہیں ہوتی، پھر جب عورت حمل و رضاعت سے فارغ ہو جاتی ہے تو وہ خون رحم میں ٹھہرنے لگتا ہے اور ہر مہینے ہر عورت کے حسب معمول چھ یا سات دن باہر نکلتا ہے۔

حیض کی مدت:

کم سے کم حیض اور زیادہ سے زیادہ حیض کی تحدید نہیں کی جاسکتی اور نہ اس کے شروع اور اختتام کی تحدید کی جاسکتی ہے۔

حیض کے خون کی پہچان:

حیض کا خون رحم کی تہ میں موجود ایک رگ سے نکلتا ہے جس کا نام عازل ہے، اس خون کا رنگ کالا گاڑھا اور بدبو دار ہوتا ہے اور جب وہ نکلتا ہے تو جمتا نہیں جیسا کہ فاطمہ بنت ابی حبیش رضی اللہ عنہا کی حدیث میں ہے: «إِذَا كَانَ دَمُ الْحَيْضَةِ: فَإِنَّهُ أَسْوَدُ يُعْرَفُ» "بلا شبہ حیض کا خون سیاہ رنگ ہوتا ہے جو کہ پہچانا جاتا ہے" (سنن ابی داود:۲۸۶، حسن)

نفاس کی لغوی تعریف:

لفظ نفاس مصدر ہے اس کا معنی ہے بچہ جننا اور اس کی جمع نفساء ہے۔

نفاس کی شرعی تعریف: نفاس ایسا خون جو بچے کی پیدائش سے کچھ پہلے یا ساتھ میں یا بعد میں عورت کی سامنے کی شرمگاہ سے خارج ہو۔

نفاس کی مدت:

عام طور پر نفاس کی مدت چالیس دن ہے اور اگر اس سے پہلے

پاک ہو جائے تو وہ غسل کر کے نماز پڑھے اور روزہ رکھے اور شوہر اس سے جماع کر سکتا ہے اور اگر ساٹھ دن تک خون آیا تو وہ بھی نفاس ہے لیکن اگر مسلسل آنے لگے تو وہ بیماری ہے جیسا کہ ام سلمہ رضی اللہ عنہا سے مروی ہے: «كَانَتِ النُّفَسَاءُ عَلَى عَهْدِ رَسُولِ اللَّهِ ﷺ تَقْعُدُ بَعْدَ نِفَاسِهَا أَرْبَعِينَ يَوْمًا» "نفاس والی عورتیں عہد رسالت میں چالیس دن عدت گزارتی تھیں" (سنن أبي داود: ۳۱۱، حسن)

دوران حمل نکلنے والے خون کا حکم:

اگر حاملہ عورت سے بہت خون نکلے اور بچہ ساقط نہ ہو تو وہ بیماری کی وجہ سے ہے وہ نماز کو اس کی وجہ سے نہ چھوڑے لیکن ہر نماز کے لئے وضو کرے اور اگر وہ حیض کا خون دیکھے جو اپنی حالت وقت اور ایام ماہواری میں آتا ہے تو نماز روزہ وغیرہ چھوڑ دے۔

حیض اور نفاس والی عورتوں پر کیا حرام ہے

☆ حائضہ اور نفاس والی عورت کے لئے بیت اللہ کا طواف کرنا منع ہے یہاں تک کہ وہ پاک ہو جائے اور غسل کر لے۔

☆ حائضہ اور نفاس والی عورت قرآن کریم نہیں چھو سکتی الا یہ کہ غلاف یا کوئی دوسری چیز حائل ہو۔

☆ جب تک عورت کو حیض کا خون آئے وہ نماز نہ پڑھے چاہے حیض عادت کے مطابق آئے یا اس سے زیادہ آئے یا اس سے کم آئے،

پھر جب وہ پاک ہو جائے تو غسل کرے اور نماز پڑھے ، حائضہ عورت روزہ کی قضاء کرے اور نماز کی قضاء نہ کرے۔

☆عورت ضرورت کے وقت ایسی دوا کھا سکتی ہے جس سے حیض منقطع ہو جائے بشرط کہ وہ دوا اسے نقصان نہ پہنچائے، ایسی صورت میں وہ پاک مانی جائے گی وہ نماز پڑھے اور روزہ رکھے۔

حائضہ عورت کے پاک ہونے کی علامت:

جب عورت سفید پانی دیکھے جو حیض بند ہونے کے بعد نکلتا ہے تو وہ اس کے پاک ہونے کی علامت ہے اور جو عورت یہ سفید سائل نہ دیکھے وہ سفید روئی کا ٹکڑا اگر اس حال میں نکلا کہ اس کا رنگ نہیں بدلا ہے تو یہ اس کے طہر کی علامت ہے۔

زرد اور مٹیالے رنگ کے خون کا حکم:

حیض کے معلوم ایام میں اگر زرد یا مٹیالے رنگ کا خون آئے تو وہ بھی حیض ہے لیکن اگر وہ اس سے پہلے یا بعد میں آئے تو حیض نہیں اس میں وہ نماز پڑھے اور روزہ رکھے اور اس کا شوہر اس سے مباشرت کرے۔

☆عورت اگر نماز کا وقت ہو جانے کے بعد حائضہ ہوتی ہے یا نماز کا وقت نکل جانے سے پہلے پاک ہوئی ہے تو اس کا نماز پڑھنا اس پر واجب ہے، اسی طرح نفاس والی عورت کا بھی معاملہ ہے۔

☆مرد ازار کے اوپر سے بھی حائضہ عورت سے مباشرت کر سکتا ہے ۔جیسا کہ میمونہ رضی اللہ عنہا کہتی ہیں: «كَانَ رَسُولُ اللَّهِ ﷺ إِذَا أَرَادَ أَنْ يُبَاشِرَ امْرَأَةً مِنْ نِسَائِهِ أَمَرَهَا، فَاتَّزَرَتْ، وَهِيَ حَائِضٌ» اپنی بیویوں میں سے کسی سے مباشرت (جسم سے جسم ملاکر لیٹنا) چاہتے اور وہ حائضہ ہوتی ، تو آپ کے حکم سے وہ پہلے ازار باندھ لیتیں (صحیح البخاری:٣٠٣، صحیح مسلم: ٢٩٤)

حائضہ عورت سے جماع کرنا حرام ہے :

حائضہ عورت کے شرمگاہ میں وطی کرنا حرام ہے جیسا کہ اللہ تعالی فرماتا ہے :

﴿وَيَسْـَٔلُونَكَ عَنِ ٱلْمَحِيضِ ۖ قُلْ هُوَ أَذًى فَٱعْتَزِلُوا۟ ٱلنِّسَآءَ فِى ٱلْمَحِيضِ ۖ وَلَا تَقْرَبُوهُنَّ حَتَّىٰ يَطْهُرْنَ ۖ فَإِذَا تَطَهَّرْنَ فَأْتُوهُنَّ مِنْ حَيْثُ أَمَرَكُمُ ٱللَّهُ ۚ إِنَّ ٱللَّهَ يُحِبُّ ٱلتَّوَّٰبِينَ وَيُحِبُّ ٱلْمُتَطَهِّرِينَ﴾ [البقرة: ٢٢٢]

”آپ سے حیض کے بارے میں سوال کرتے ہیں کہہ دیجئے کہ وہ گندگی ہے، حالت حیض میں عورتوں سے الگ رہو اور جب تک وہ پاک نہ ہوجائیں ان کے قریب نہ جاؤ ہاں جب وہ پاک ہو جائیں تو ان کے پاس جاؤ جہاں سے اللہ نے تمہیں اجازت دی ہے اللہ توبہ کرنے والوں کو اور پاک رہنے والوں کو پسند فرماتا ہے “۔

☆حائضہ عورت سے جماع کرنا اس وقت تک جائز نہیں جب تک

کہ اس کا دم حیض منقطع نہ ہو جائے اور وہ غسل نہ کرلے اور جس نے غسل سے پہلے جماع کیا وہ گنہگار ہو گا۔

حالت حیض میں جماع کا کفارہ:

اگر کسی آدمی نے یہ جانتے ہوئے کہ اس کی بیوی حائضہ ہے جماع کر لیا تو وہ گنہگار ہو گا اور اس پر توبہ اور کفارہ ہے پس اگر حیض کے شروع میں جماع کیا ہے تو ایک دینار ہے اور اگر حیض منقطع ہونے کے وقت کیا ہے تو آدھا دینار ہے۔ (ایک دینار ۴،۲۵ گرام سونے کے برابر ہے) جیسا کہ عبد اللہ بن عباس رضی اللہ عنہما کہتے ہیں کہ نبی کریم ﷺ نے یہ فیصلہ کیا جو آدمی اپنی بیوی کے پاس حالت حیض میں آئے «یَتَصَدَّقُ بِدِينَارٍ أَوْ نِصْفِ دِينَارٍ» وہ ایک دینار یا نصف دینار صدقہ کرے (سنن ابی داود: ۲۶۴، سنن النسائی: ۲۸۹) صحیح، موقوف۔

مستحاضہ کی تعریف: یہ وہ عورت ہے جسے بغیر وقت کے مسلسل خون آتا ہو۔

استحاضہ کے خون کی پہچان:

استحاضہ کا خون رحم کے کنارے حصے میں موجود ایک رگ سے آتا ہے جس کا نام عاذل ہے اس خون کا رنگ سرخ پتلا ہوتا ہے اور بدبو دار نہیں ہوتا جب وہ نکلتا ہے تو جم جاتا ہے، اس لئے کہ وہ عام رنگ کا خون ہے۔

مستحاضہ کے غسل کی کیفیت:

مستحاضہ عورت حیض کا خون بند ہو جانے کے بعد ایک مرتبہ غسل کرے اور ہر نماز کے لئے وضو کرے اور اپنی شرم گاہ میں کپڑا رکھے رہے۔

مستحاضہ کی چار حالتیں ہیں:

۱۔ حیض کی مدت اسے معلوم ہو، اس مدت میں وہ نماز نہ پڑھے اور جب یہ مدت گزر جائے تو غسل کرے اور نماز پڑھے۔

۲۔ حیض کی مدت اسے معلوم نہ ہو ایسی صورت میں وہ چھ یا سات دن نماز نہ پڑھے اس لئے کہ عام طور پر حیض کی مدت یہی ہوتی ہے اور جب یہ مدت گزر جائے تو غسل کرے اور نماز پڑھے۔

۳۔ اس کی عادت ابھی مقرر نہ ہوئی ہو لیکن وہ حیض کا کالا خون غیر حیض سے تمیز کر سکتی ہو ایسی صورت میں وہ چھ یا سات دن نماز نہ پڑھے اور جب یہ مدت گزر جائے تو غسل کرے اور نماز پڑھے۔

۴۔ اس کی کوئی عادت نہ ہو اور نہ ہی خون کے درمیان تمیز کی استطاعت ہو تو وہ چھ یا سات دن رکی رہے پھر غسل کرے اور نماز پڑھے ایسی عورت کو آغاز حیض والی عورت کہا جاتا ہے۔

عورت کے شرم گاہ سے نکلنے والی چیز کا حکم:

اگر عورت نے نطفہ گرا دیا ہے تو یہ نہ حیض ہے اور نہ نفاس اور اگر

چار مہینے کا بچہ گرا دیا ہے تو یہ نفاس ہے اور اگر ایسا خون کا لوتھڑا یا گوشت کا ٹکڑا گرایا ہے جس میں بچہ کی شکل نمایا نہ ہو تو وہ نفاس نہیں ہے اگر چہ خون دیکھے اور اگر ایسا گوشت کا ٹکڑا گرایا ہے جس میں بچے کی شکل و صورت نمایا ہو گئی ہو اور تین مہینہ گزر چکا ہو تو یہ نفاس ہے۔

☆مستحاضہ عورت نماز پڑھے ،روزہ رکھے، اعتکاف میں بیٹھے اور اس کے علاوہ دوسری عبادتیں کرے جیسا کہ ام المومنین عائشہ رضی اللہ عنہا کہتی ہیں کہ فاطمہ بنت ابی حبیش رضی اللہ عنہا نے نبی اکرم صلی اللہ علیہ وسلم سے کہا کہ مجھے استحاضہ کا خون آتا ہے اور میں پاک نہیں ہوتی ہوں (یعنی خون نہیں رکتا ہے)کیا میں نماز چھوڑ دوں آپ صلی اللہ علیہ وسلم نے فرمایا: «لا، إِنَّ ذَلِكِ عِرْقٌ، وَلَكِنْ دَعِي الصَّلاةَ قَدْرَ الأَيَّامِ الَّتِي كُنْتِ تَحِيضِينَ فِيهَا، ثُمَّ اغْتَسِلِي وَصَلِّي». نہیں، یہ ایک رگ کا خون ہے (حیض نہیں)لہذا ان ایام میں تم نماز نہ پڑھو جن میں تمہیں حیض آتا تھا ،پھر غسل کرو اور نماز پڑھو۔ (صحیح البخاری:۳۲۵، صحیح مسلم: ۳۳۳)

☆مرد اور عورت کے لئے قرآن زبانی پڑھنا جائز ہے اگر چہ مرد جنبی ہو یا عورت حائضہ یا جنبی ہو یا اسے نفاس آتا ہو لیکن بہتر یہ ہے کہ وہ طہارت کی حالت میں پڑھے۔

فہرست مضامین

صفحہ	موضوع
7	فقہ اسلامی کے شرعی اصول و ضوابط
9	شرعی اوامر کی بجا آوری کا حکم
10	عمل کی تباہ کاری
11	عمل کی حفاظت
13	طہارت کے احکام و مسائل
15	جن چیزوں سے طہارت حاصل ہوتی ہے
19	نجاست اور اس کے اقسام و احکام :
21	قضائے حاجت کے آداب
22	قضائے حاجت کے وقت قبلہ رخ ہونے کا حکم
25	فطری سنتیں
31	وضو کے احکام و مسائل
34	وضو کی شرطیں
35	وضو کے فرائض
37	کامل وضو کا طریقہ
38	نبی مکرم ﷺ کے وضو کی کیفیت
43	موزوں، جرابوں اور پٹیوں پر مسح کے احکام
44	مقیم اور مسافر کے لئے مسح کرنے کی مدت
46	پٹی پر مسح کی کیفیت
49	وضو کو توڑنے والی چیزیں
52	نواقض وضو کے چند مسائل

55	غسل کے احکام ومسائل
57	رسول اللہ ﷺ کے غسل کا طریقہ
58	جنبی پر کون سا عمل حرام ہے:
60	غسل کے مکروہات
63	تیمم کے احکام و مسائل
65	کس چیز سے تیمم کیا جائے؟
67	تیمم سے کون کون سی پاکی حاصل ہوتی ہے؟
71	حیض ونفاس کے احکام ومسائل
73	حیض اور نفاس والی عورتوں پر کیا حرام ہے
76	حالت حیض میں جماع کا کفارہ
76	استحاضہ کے خون کی پہچان
79	فہرست مضامین

For more details visit
www.GuideToIslam.com

GUIDE TO ISLAM

contact us :Books@guidetoislam.com

GuidetoIslam.org Guidetoislam1 Guidetoislam www.Guidetoislam.com

المكتب التعاوني للدعوة وتوعية الجاليات بالربوة

هاتف: ٩٦٦١١٤٤٥٤٩٠٠+ فاكس: ٩٦٦١١٤٩٧٠١٢٦+ ص ب: ٢٩٤٦٥ الرياض: ١١٤٥٧

ISLAMIC PROPAGATION OFFICE IN RABWAH

P.O.BOX 29465 RIYADH 11457 TEL: +966 11 4454900 FAX: +966 11 4970126

www.ingramcontent.com/pod-product-compliance
Lightning Source LLC
LaVergne TN
LVHW050142080526
838202LV00062B/6556
* 9 7 8 6 0 3 8 2 9 7 2 7 8 *